빛깔있는 책들 103-43

금산사

글/김남윤, 이응묵, 소재구 ● 사진/손재식

대원사

김남윤(연혁)────────
전남대학교 사학과를 졸업하고 서울
대학교 대학원 국사학과에서 문학박
사 학위를 취득하였다. 서울대 및 동
덕여대, 경기대 등에 출강하고 있다.
연구 논문으로는 「신라 법상종 연구」,
「진표의 전기자료 검토」, 「신라 미륵
신앙의 전개와 성격」, 「고려 중기 불
교와 법상종」 등이 있다.

이응묵(건축)────────
서울에서 태어나 한양대 건축공학과
와 단국대 대학원을 졸업하셨다. 오랫
동안 한국 전통 건축 분야의 설계와
조사 연구 활동을 해 오셨다. '새한 건
축 문화연구소'를 경영하며 문화재관
리국 등의 의뢰로 '금산사', '마곡사',
'장곡사', '홍천사', '화엄사' 등의 「실
측조사보고서」를 집필 간행하였다. 한
국건축가협회 건축역사분과 상임위원
과 대한건축사협회 전통건축연구원으
로 계시다 1999년 타계하셨다.

소재구(유물)────────
국민대학교 국사학과와 한국정신문화
연구원 한국학 대학원에서 박사과정
을 수료하였다. 현재 국립중앙박물관
학예연구실에 근무하고 있으며 「원각
사지 10층석탑의 연구」, 「동문선의 불
탑자료」, 「우리나라의 불탑」, 「고달원
지 승탑편년의 재고」 등 여러 편의 논
문이 있다.

손재식(사진)────────
1956년생으로 신구대학교 사진학과를
졸업하고 불교 문화와 자연을 소재로
하는 작업을 주로 해오고 있다. 그동
안 십여 권의 빛깔있는 책들에 이와
관련된 사진을 실었고 웅진출판사의
『한국의 자연탐험』 작업에 참여하였
다. 현재 『사람과 산』의 객원 편집위
원으로 있다.

금산사

금산사

금산사 전경

미륵 신앙의 본산, 금산사

전라북도 김제시 금산면 금산리에는 개창된 지 천4백 년이 넘은 대한불교조계종 제17교구 본사인 금산사(金山寺)가 있다. 금산사는 해발 794미터인 모악산(母岳山) 남쪽 기슭에 있는데, 그 일대는 예부터 '호남4경'의 하나로 불릴 만큼 그 경관이 빼어나다. 또한 모악산의 원시에 가까운 숲은 자연에 대한 외경(畏敬)을 느끼게 할 만큼 사시사철 다른 모습을 보여 준다. 그래서인지 모악산은 일찍부터 여러 종교의 신앙적 성지(聖地)가 되어 왔으며, 골짜기 곳곳에는 미륵 신앙의 흔적들이 남아 있다.

금산사는 미륵불을 모신 사찰로도 널리 알려져 있다. 미륵은 먼 훗날 이 땅에 태어나 모든 중생을 제도한다고 하는 미래불이다.

금산사의 창건 시기에 관해서는 정확한 기록이 전하고 있지 않으며 보통 이 절의 창건주를 진표율사(眞表律師)라고 보고 있다. 그러나 진표율사가 금산사에 출가하였다는 사실이 전하고 있어 그 이전에 창건된 것으로 보아야 한다. 『금산사사적(金山寺事蹟)』에는 백제 법왕 즉위년인 599년 창건된 것으로 되어 있으나 분명치 않다.

이처럼 금산사가 창건된 시기는 잘 알 수 없지만 통일신라 경덕왕대에 진표율사에 의해 크게 중창되었다. 엄격한 참회 수행 끝에 진표율사가 미륵보살에게 받은 점찰법으로 널리 교화한 뒤 금산사는 법상종에 속하게 되었다. 금산사는 고려 전기 소현의 대규모 중창 불사로 면모를 새롭게 하였고 고려 후기에도 법상종의 중요한 사찰로 존속하였다.

조선시대에는 임진왜란이 일어나자 의승(義僧) 활동의 중심지가 되었고 전란 중에 사찰은 모두 불에 타버렸다. 왜란이 끝난 뒤 다시 중창된 금산사에서는 많은 대중이 모인 화엄 대법회가 열린 바 있다. 그 전통은 오늘날까지 이어져 학승들의 화엄 사상 연구와 수행이 이루어지고 있다.

방등계단 주변 전경

금산사의 역사

미륵 신앙의 도량

　비옥한 만경 평야의 너른 들을 가진 김제의 동남쪽에는 포근한 산세의 모악산이 자리잡고 있다. 모악산은 그 상봉에 어머니가 어린아이를 안고 있는 듯한 바위가 있어서 '모악'이라는 이름이 붙여졌다는 전설이 전하고 있다. 또 모악산은 백제 때 만들어졌다는 우리나라 최초의 저수지인 벽골제(碧骨堤)의 수원(水源)이기도 하다. 그 남쪽 기슭에 명찰 금산사가 자리잡고 있다.

　금산사라는 절 이름은 금산에 있는 사원이라는 의미로 볼 수 있다. 모악산은 금산이라고도 불리워졌다. 김제시의 동쪽 지역에는 금산과 금구, 금강 등 금자가 붙은 지명이 많은데 그것은 신라 때부터 사금이 많이 산출되었기 때문이다.

　금산사는 예부터 미륵 신앙의 도량으로 이름이 높았다. 경내에 들어서면 오른쪽에 미륵삼존상을 모신 3층의 미륵전(彌勒殿, 국보 제62호) 건물이 서쪽을 향해 서 있다. 그 1층엔 대자보전(大慈寶殿), 2층엔 용화지회(龍華之會), 3층엔 미륵전이라고 쓴 편액(扁額)이 걸려 있다.

   미륵은 원래 이름이 마이트레야(Maitreya)로 그 의미는 우애를 뜻하
며 자씨(慈氏) 보살로 번역된다. 미륵은 석가세존에게서 성불하리라는
수기(授記)를 받아 현재는 도솔천(兜率天)에서 천인을 교화하고 있는
보살로 57억 6천만 년을 지난 먼 미래에 이 사바 세계에 출현하게 된

모악산 전경 상봉에 어머니가 어린아이를 안고 있는 듯한 바위가 있어서 '모악'이라는 이름이 붙여졌다는 모악산은 포근한 산세를 이루고 있다.

다. 미륵이 오는 미래 세상은 이상적인 군주인 전륜성왕(轉輪聖王)이 정법으로 세상을 통일하고, 사문(沙門)의 자문을 받으며 나라를 다스리고, 인간에게는 8고(八苦)가 아닌 3고(三苦)만 있고 수명도 8만 세에 이르게 되는 때이다. 이렇게 이 세상이 거의 낙토(樂土)가 되었을

때 도솔천에서 하생(下生)하여 바라문 가문에 태어난 미륵이 출가 수
행하여 화림원(華林園)의 용화수(龍華樹) 밑에서 성도하고 3회의 설법
으로 모든 중생을 제도한다고 한다.

불교사에서 볼 때 석가모니 이외의 여러 부처와 보살에 대한 신앙은
대승불교가 일어나면서 나타나게 되었다. 석가모니시대로부터 오랜 세
월이 지나면서 석가모니 붓다(깨달은 자)에 대한 신격화와 함께 석가
모니 이전의 과거세와 다음의 미래세에도 석가모니와 같은 부처가 있
을 것이라는 믿음에서 과거불과 미래불에 대한 신앙이 나타나게 되었
다. 그뒤 불교의 세계관이 확대되면서 타방 세계의 여러 부처를 상정
하게 되어 동방 아촉불, 서방 아미타불을 비롯한 많은 불격(佛格)이
만들어졌다.

대승불교에서 과거 가섭불, 현세 석가모니불, 미래 미륵불은 모두
현재겁인 현겁(賢劫) 천불에 속하며, 이 땅을 제도할 부처들이다. 현
겁 천불 가운데 4불은 이미 출현한 과거불이고 미륵 이후의 996불은
장래에 출현할 부처들이다. 현겁천불설은 또한 과거 장엄겁(莊嚴劫)과
미래 성숙겁(星宿劫)으로 연장되어 삼세삼천불설로 전개된다.

먼 미래에 도솔천에서 하생하여 모든 중생을 구제하리라는 미래불
미륵에 대한 신앙은 석가모니불에 대한 신앙과 함께 일찍이 불교가 이
땅에 전해진 무렵부터 시작되었다. 남북조 시기의 중국을 통해 불교를
받아들인 고구려, 백제, 신라의 삼국 모두 과거와 현세를 잇는 미래불
미륵에 대한 신앙이 성행하였다. 그것은 불교를 수용한 초기에 받아들
인 업보 윤회(業報輪廻)의 교설을 따르는 것이기도 하다. 곧 전생과
현생, 내세로 이어지는 업보에 의한 윤회의 관념에서 미륵은 과거 가
섭불과 현세 석가모니불의 계승자로, 미래 세계의 부처로 신앙되었다.

그래서 삼국에서 불교가 수용되면서 창건된 대규모의 절들은 과거불
과의 특별한 인연을 강조하고 있는데, 금산사 역시 그러한 자취가 남

아 있다. 시대가 떨어지는 기록이긴 하지만 조선 성종 23년(1492)에 작성된 「금산사 5층석탑 중창기」에는 과거불인 가섭불 때의 옛 절터를 중흥시킨 것이라고 하였다. 이것은 금산사의 터전이 과거불 때부터 인연이 있음을 강조한 것이며, 그것이 미래불에까지 이어진다는 기원을 담고 있다.

필사본 『금산사사적』에는 법왕(法王, 599~600년) 즉위년에 칙령으로 살생을 금하고 그 이듬해에 금산사를 개창하고 승려 38명을 출가시켰다고 기록되어 있다. 『금산사사적』은 조선 후기에 지어진 것으로 임진왜란으로 인해 절에 전하는 기록이 모두 없어져서 『삼국사기(三國史記)』 등을 토대로 편찬한 것이라고 한다. 그러므로 임진왜란 이전의 기록들은 생략되었거나 잘못된 내용도 적지 않다.

『삼국사기』에는 법왕이 살생을 금한 이듬해에 왕흥사(王興寺)를 창건하고 승려 30명의 출가를 허락하였다고 되어 있으나 금산사가 법왕 때에 창건되었다는 사실은 전하지 않는다. 그러나 백제에는 미륵 신앙이 성행하고 있었고 이곳과 그리 멀지 않은 익산에 대규모의 국가적 사찰 미륵사(彌勒寺)가 창건되었던 사실을 생각한다면 금산사 역시 백제 말에 창건되었을 가능성이 있다.

미륵사는 법왕을 계승하여 왕위에 오른 무왕(武王, 600~640년)이 창건하였다. 무왕이 부인인 선화공주와 더불어 행차하였는데 용화산(龍華山) 밑 큰 연못가에 이르자 미륵삼존이 연못 위로 나타나 수레를 멈추고 치성을 드렸다고 한다. 그곳에 큰 절을 짓는 것이 소원이라는 부인의 말을 따라 무왕은 대규모의 사찰을 건립하였다. 미래불인 미륵이 3회의 설법으로 미래의 중생을 모두 제도한다는 용화삼회설(龍華三會說)에 입각하여 미륵삼존상을 모신 미륵전과 탑, 낭무(廊廡)를 각각 세 곳에 세우고 절의 이름을 미륵사라 하였다. 그때의 유물로 현존 최고의 석탑인 미륵사지석탑이 남아 있으며 근래의 발굴 조사에서 삼원

(三院)으로 구성된 가람 배치가 확인되어 『삼국유사』의 내용과 일치하는 것으로 밝혀졌다. 미륵사는 미래불 미륵에 대한 신앙에서 건립된 것이다.

　금산사 역시 백제 말 이 지역에서 성행하던 미륵 신앙을 배경으로 창건되었으리라 여겨진다.

진표의 교법과 중창

진표의 수행과 미륵의 수기

　신라가 삼국을 통일한 이후 금산사가 크게 중창된 것은 766년 진표(생몰년 미상)에 의해서이다. 진표는 금산사에서 출가하였고 미륵에 뜻을 두고 열렬한 참회 수행을 하여 직접 미륵보살에게 계법을 받은 미륵 신앙자이다.

　진표에 대해서는 『삼국유사』 권4의 「진표전간(眞表傳簡)」과 「관동풍악발연수석기(關東楓岳鉢淵藪石記)」, 『송고승전(宋高僧傳)』 권14의 「진표전」 등 비교적 많은 기록이 남아 있다. 그런데 『삼국유사』의 「관동풍악발연수석기」는 1199년 금강산 발연사(鉢淵寺)의 주지 영잠(瑩岑)이 지은 「진표율사진신장골탑비명(眞表律師眞身藏骨塔碑銘)」을 초록(抄錄, 필요한 대목만을 가려 뽑아 적음)한 것이다.

　『송고승전』에는 진표를 금산사의 창건주라고 하였으나, 국내의 두 자료에 진표는 도솔천의 미륵에게 수기를 받은 다음 미륵 신앙의 도량으로 금산사를 크게 중창하고 일으킨 인물로 기록되어 있다. 세 자료를 비교하면서 먼저 진표의 행적과 교법을 살펴보고 금산사의 중창 사실을 찾아보기로 하자.

　진표는 완산주 벽골군 도나산촌 대정리 또는 완산주 만경현 출신이

진표율사 부도 금산사 부도전 안에 안치되어 있는 이 승탑(부도)은 선암사 소요대사탑을 본떠 제작하였다.

라고 전하는데, 두 지명 모두 지금의 김제를 가리킨다. 그의 아버지는 진내말(眞乃末), 어머니는 길보랑(吉寶娘)이라고 한다. 진씨는 백제 귀족의 대표적 성씨 가운데 하나이며 내마(또는 내말)는 신라의 11위 관등인데, 백제 멸망 후 신라가 백제 귀족에게 관직을 내릴 때 백제의 3위 관등인 은솔(恩率)에서 등위를 낮추어 내마를 준 것이다. 그러므로 진표는 백제 귀족의 후손으로 백제가 멸망하고 난 다음 신라에서 우대를 받고 이 지역에 자리잡고 있던 가문 출신으로 볼 수 있다.

그가 출가하게 된 동기는 『송고승전』에 전한다. 진표의 집안은 대대로 사냥을 잘하던 가문이었는데, 그는 특히 활쏘기를 잘하였다고 한다. 하루는 사냥하던 도중에 개구리를 잡아 버들가지에 꿰어 물 속에 넣어 두고는 잊어버리고 귀가하였다. 이듬해 봄 다시 사냥을 나갔다가 개구리들이 그때까지 살아 우는 소리를 듣고는 크게 자책하여 뜻을 세워 출가하였다고 한다.

진표의 참회 수행과 미륵, 지장 두 보살의 수계(受戒)에 대하여는 「진표율사진신장골탑비명」에 가장 자세하게 전한다. 그것을 옮겨 보면 다음과 같다.

진표가 12세에 이르러 출가하기를 희망하자, 그의 아버지는 조부와 의논하여 허락하였고 진표는 금산사 순제법사(順濟法師)에게 가서 머리를 깎고 중이 되었다. 순제는 진표에게 사미계(沙彌戒)를 주고 『공양차제비법(供養次第秘法)』1권과 『점찰선악업보경(占察善惡業報經)』2권을 주면서 "너는 이 계법을 가지고 미륵과 지장 두 보살 앞에서 간절히 구하고 참회하여 직접 계법을 받아 세상에 널리 전하라"고 하였다. 진표는 순제의 가르침을 받들고 물러나와 명산을 두루 돌아다니다가 27세(760년, 경덕왕 19)에 변산의 부사의방(不思議房)에 들어갔다. 부지런히 미륵상 앞에서 계법을 구하였으나, 3년이 넘도록 수기를 얻지 못

하자 발분하여 바위 아래로 몸을 던졌는데 청의동자(靑衣童子)가 손으로 받들어 바위 위에 올려놓았다. 다시 뜻을 세워 3·7일(세이레, 스무하루째 되는 날)을 기약하고는 밤낮으로 수행하고 온몸으로 바위를 두들기면서 참회하였더니, 3일 만에 손과 팔이 부러졌다. 7일째 되던 밤 지장보살이 손에 석장을 흔들며 와서 쓰다듬으니 손과 팔이 전과 같아졌다. 보살이 드디어 가사와 바릿대를 주었다. 율사가 그 영험에 감동하여 갑절이나 더욱 정진하여 만 3·7일이 되자 천안(天眼)을 얻어 도솔천중이 오는 광경을 보았다. 이때 지장보살과 미륵세존이 나타나 미륵은 진표의 이마를 만지면서 참회 수행을 칭찬하며 '9자(九者)'와 '8자(八者)'라고 씌어진 패쪽 두개를 주었고, 지장은 계본(戒本)을 주었다. 미륵은 "이 두 간자는 바로 내 손가락 뼈이니 이것은 시각(始覺, 불법을 듣고 무명에서 벗어나 깨달음을 얻는 일)과 본각(本覺, 현상계의 제상을 초월한 궁극의 깨달음)의 두 가지 깨달음을 비유한 것이다. 또 9자는 법이(法爾)요, 8자는 신훈성불종자(新熏成佛種子)이니 이로써 마땅히 과보(果報)를 알 것이다. 너는 지금의 몸을 버리고 대국왕(大國王)의 몸을 받아 후에 도솔천에 태어날 것이다"라고 하였다. 말을 마치고 두 보살은 곧 사라져버리니 그때가 임인년(762) 4월 27일이었다.

「진표전간」에 의하면 금산사의 순제(숭제)법사에게 출가한 진표는 정성이 지극하다면 1년 안에라도 보살의 계를 받을 수 있다는 스승의 말에 따라 명산을 찾아다니며 수행하였다. 변산의 선계산 부사의암에서 수행하던 23세(740년, 효성왕 4) 때 지장보살에게 계를 받고 다시 영산사에서 용맹 정진하여 미륵에게 『점찰선악업보경』 2권과 증과간자(證果簡子) 189개, 그리고 미륵의 손가락 뼈로 만들었다는 제8과 제9의 두 간자를 받고 세상에 법을 전하고 제도하라는 부촉(附屬)을 받았다고 되어 있다.

진표의 점찰법과 미륵 신앙

진표는 엄격한 참회 수행으로 지장과 미륵보살로부터 계와 법을 받았는데, 그가 수행했던 변산의 부사의암이나 영산사 등도 금산사에서 가까운 곳이다. 진표의 불교는 엄격한 참회 수행과 미륵 지장 신앙, 점찰법이 특징으로 지적된다. 먼저 3·7일 및 3년을 기약한 고행과 보살에게 직접 계를 받는 점찰법은『점찰선악업보경』에 의한 것이다.

『점찰선악업보경』, 곧『점찰경』은 업장이 두터워 부처의 정법을 믿고 수행할 수 없는 말세 중생을 위해 지장보살이 설한 것으로 참회법으로 업장을 소멸하고 대승으로 나아가는 길을 밝혀 놓은 경전이다. 또 그 상권(上卷)에 나무를 길게 깎아 만든 점대[木輪]로 숙세(宿世, 전생·과거세) 선악의 업과 현세의 길흉 등을 점찰하는 법이 설해져 있다. 점찰법에는 열 개의 목륜으로 과거세에 지은 업의 선악 차별을 점치는 십륜상(十輪相)과 세 개의 목륜으로 그 과거업의 강약을 점치는 삼륜상(三輪相), 그리고 여섯 개의 목륜으로 과거·현재·미래의 삼세(三世) 가운데 받는 과보(果報)의 차별을 점치는 육륜상(六輪相) 세 가지가 있다.

그 가운데 육륜상은 3면에 1·2·3, 4·5·6, 7·8·9, 10·11·12, 13·14·15, 16·17·18의 숫자를 각각 새기고, 한 면을 비워 둔 목륜 여섯 개를 세 번 던져 나타나는 숫자를 합하여 얻은 숫자로 점을 치게 된다. 그 결과는 189가지가 된다. 진표의 점찰법은 189간자로 점찰하는 것이어서 경전과는 방법이 약간 다르지만 점찰의 상은 같은 것이 된다.

점찰법은 일찍이 원광(圓光)에 의해 신라에 전해졌고 그뒤로 점찰법회가 열렸던 기록이 간간이 전하고 있다. 신문왕(神文王, 재위 기간 681~691년) 대의 김대성은 흥륜사(興輪寺)에서 열린 육륜회에 부치던 밭을 보시(布施)한 공덕으로 재상의 가문에 환생하여 후일 전생과 현세의 양부모를 위해 불국사와 석불사를 세웠다는 기록도 전하고 있다.

이처럼 점찰법은 진표 이전에 이미 상당히 유포되어 있었으며, 진표의 점찰법 또한 육륜회와 통한다.

진표의 점찰법은 미륵에게 받은 것이며 189간자 가운데 특히 제8, 제9간자가 강조되어 있는 것이 특징이다. 이것은 『점찰경』이 지장보살의 설로 되어 있는 것과 차이가 있다. 그런데 진표는 참회 수행으로 지장보살에게 먼저 계를 받고 다시 미륵에게 법과 수기를 받는다. 그러므로 진표의 수행에서는 『점찰경』에 따라 미륵보다는 지장이 먼저 희구(希求)되었다고 생각된다.

지장은 석가여래가 입멸한 뒤 미륵이 출현하기 전까지 부처가 없는 세계에 석가여래의 부촉을 받아 몸을 육도(六道, 중생이 생전에 지은 업에 따라 저마다 윤회하여 태어나게 된다는 '지옥도·아귀도·축생도·아수라도·인간도·천상도'를 일컬음)에 나타내어 천상에서 지옥까지 모든 중생을 구제하는 보살이다. 특히 말법(末法)시대에 중생을 구원하는 비원(悲願)의 상징으로 무불(無佛)시대에 현세불 석가와 미래불 미륵을 이어 주는 성격을 가지고 있다.

진표가 행한 점찰법은 189간자로 삼세 중에 받는 과보의 차별을 점치는 것인데 삼세의 과보 가운데 주된 관심사가 되는 것은 미래세이다. 이 때문에 참회 수행에서 궁극적으로 희구하는 신앙의 대상은 미륵이 되었을 것이다. 또 『점찰경』에 설해진 보살계는 유가계(瑜伽戒)가 되며 유가계는 미륵이 설하였다고 하는 『유가사지론(瑜伽師地論)』에 의거한 계율이다. 그러므로 진표의 계율과 교법은 유가 유식(瑜伽唯識)을 교의로 하는 법상종에 속하게 된다.

신라가 삼국을 통일한 이후 불교학에 대한 연구가 융성한 가운데, 미륵 관계 경전에 대한 주석(註釋)도 다수 베풀어졌는데, 주로 법상종 계통 승려들에 의해 이루어졌다. 『유가사지론』을 비롯한 유식 사상 관계 전적들에는 도솔천의 미륵이 내려와 설하였다는 기록이 전하고 있다.

금산사의 겨울 풍경 미륵 신앙의 도량으로 이름났던 금산사의 모습은 임진왜란 후 재건된 미륵전과 방등계단에서 엿볼 수 있다.

그래서 법상종 사원에서는 주존불로 미륵을 금당(金堂, 절의 본당)에 모시고 신앙하였다.

신라 중대의 유식학승들은 미륵경을 연구하여 도솔 정토의 모습과 미륵 하생의 시기, 미륵 신앙자의 수행 등에 대해 자세히 밝혀 놓았다. 이들의 미륵 신앙은 현재 미륵이 머무르고 있는 도솔천에 상생하기를 원하는 도솔 정토 신앙이 된다.

미륵 신앙은 먼 미래에 미륵이 하생하여 모든 중생을 제도할 때 태어나 미륵을 만나게 되기를 기원하는 하생 신앙과 현재 도솔천에 있는 미륵을 믿어 도솔천에 왕생하기를 원하는 상생 신앙으로 나누어진다. 미륵 신앙은 모든 중생이 미래불 미륵의 용화삼회의 설법에서 모두 구제된다고 하므로 하생 신앙으로 완결되는 구조를 가지고 있다.

그러나 상생과 하생은 그 신앙에 중점을 두는 면이 다르다. 유식학승들의 미륵 경전 연구에서 하생은 근기(根機, 교법을 듣고 수행하여 깨달을 수 있는 능력)가 낮은 하품인(下品人)의 신앙으로 설정되어 최저의 선행으로도 미륵의 용화삼회에 참여하여 제도된다고 하는 것이 하생경의 본뜻이라고 한다. 하품인은 현실적으로 수행에 전념할 수 없는 재가인(在家人, 세속의 사람)이다. 이에 비해 상생 신앙은 넉넉한 공덕을 쌓아 도솔천에 왕생하는 것을 말한다. 곧 미륵의 교설인 난해한 유식 사상을 이해하고 계율을 지키고 선행을 닦아서 도솔천에 왕생하는 것이 상품인(上品人)의 신앙이다. 따라서 상품인이 될 수 있는 수행자는 승려와 귀족 출신의 지식인들에 해당된다.

진표가 엄격하게 계율을 지키고 맹렬한 참회 수행을 실천하여 장래 대국왕의 몸으로 도솔천에 태어나리라는 미륵의 수기를 받은 것은 도솔 정토 신앙이 된다. 이와 같은 도솔천 상생 신앙은 법상종의 신앙으로 계승되었다.

금산사의 중창

미륵의 수기를 받은 뒤 진표는 금산사에 머물며 해마다 법단을 베풀고 널리 교화를 펼친다. 그가 금산사를 중창한 사실에 대해서 "금산사를 세우고자 산에서 내려와 대연진(大淵津)에 이르니 홀연히 용왕이 나타나 옥가사를 바치고 8만 권속(眷屬)을 거느리고 그를 호위하여 금산사로 갔다. 사방에서 사람들이 모여들어 며칠 못 되어 절을 이루었다"고 「진표율사진신장골탑비명」에 기록되어 있다.

『택리지(擇里志)』「복거총론(卜居總論)」 '산수' 조에 "모악산 남쪽에 있는 금산사는 본래 그 터가 용이 살던 못으로 깊이를 헤아릴 수 없었다. 신라 때 조사가 만 석의 소금으로 메워 용을 쫓아내고 터를 닦아 그 자리에 대전(大殿)을 세웠다고 한다. 대전 네 모퉁이 뜰 아래에서 가느다란 물줄기가 주위를 돌아나온다"고 하여 금산사 터가 못과 관련되어 있음을 전하고 있다.

또 「진표율사진신장골탑비명」에는 다시 미륵보살이 감응하여 도솔천에서 구름을 타고 내려와 진표에게 계법을 주니 진표는 단월(檀越)에게 권하여 미륵장륙상을 만들게 하였고 또 미륵보살이 내려와서 계법을 주는 광경을 금당 남쪽 벽에 그렸다. 불상은 갑진년(764)에 만들어 병오년(766)에 금당에 안치했다고 전한다. 그러므로 금산사의 중창이 이루어진 시기는 미륵에게 수기를 받은 762년(경덕왕 21) 이후부터 766년(혜공왕 2) 사이가 된다.

그뒤 진표는 속리산과 명주 등지에서 소나 어류와 같은 축생에까지 계법을 베풀었다. 또 금강산에다 발연사를 창건하여 점찰 법회를 열고 7년을 머물렀는데 흉년에 굶주린 백성들을 위해 계법을 설하니 해변의 수많은 어류들이 죽어 백성들은 그것으로 식량을 마련하여 죽음을 면하였다고 하는 이적(異蹟)도 전한다.

또 「진표전간」에는 진표가 명주에서 물고기, 자라 등 바다 속의 어류에게까지 널리 교화한 사실을 듣고 경덕왕(景德王, 742~764년)이 궁중으로 맞아들여 보살계를 받고 조(租) 7만 7천 석을 내리고 왕후와 인척들도 모두 계를 받고 비단 500단(端)과 황금 50냥을 시주하였다. 이것을 여러 절에 나누어 널리 불사를 일으켰다고 한다.

경덕왕대 후반에는 「도솔가」를 지어 두 해가 나타난 이변을 해결한 월명이나 왕의 부탁을 받고 「안민가」를 지은 충담의 예처럼 미륵 신앙을 행하는 승려들이 왕과 밀접하게 관련되어 있었다. 미륵에게 받은 교법으로 교화한 진표가 경덕왕에게 받아들여진 것도 이 무렵이다. 이때 진표의 교법은 경덕왕에게 보살계를 주고 많은 보시를 받음과 아울러 국가의 인정을 받은 것으로 생각된다. 또한 진표의 점찰법과 계율은 유가 유식 사상에 포괄되므로 법상종에 속하게 되었을 것이다.

그런데 「진표전간」과 「진표율사진신장골탑비명」은 진표의 출생 연대에 차이가 있다. 「진표전간」에는 지장에게 계를 받은 나이를 23세인 740년으로, 「진표율사진신장골탑비명」에는 27세인 760년으로 기록되어 있어 16년의 차이가 나서 어느 쪽이 옳다고 판정하기 어려운 형편이다. 그러나 여러 자료를 수집 검토하여 찬술한 일연의 『삼국유사』의 기록을 받아들이는 편이 더 타당할 것으로 생각된다. 그래서 진표의 출생을 718년으로 본다면 금산사의 중창은 언제가 될까?

「진표율사진신장골탑비명」이 진표가 말년에 머물며 수행한 발연사에 전하는 기록을 중심으로 그의 수행과 교화를 자세하게 전하고 있는 점을 고려하면, 금산사 중창은 「진표율사진신장골탑비명」에 밝혀진 대로 762~766년경에 이루어졌다고 받아들일 수 있지 않을까 싶다. 중창 불사가 대규모였다면 진표의 교화와 점찰법이 널리 펼쳐진 이후에 이루어진 것으로 보는 게 타당하다. 곧 미륵에게 수기를 받고 하산한 직후보다는 금산사와 속리산, 명주 등지에서 계법을 설한 다음 다시 금산사에 돌아가 중창 불사를 이루었을 것이다. 「진표율사진신장골탑비명」에는 "금강산에 발연사를 세워 점찰 법회를 열고 7년을 머물다가 부사의 방에 갔다가 다시 고향으로 돌아갔다"고 전하고 있다. 그래서 금산사 중창은 진표가 고향에 다시 돌아간 시기에 이루어진 것으로 생각된다.

금산사 중창 불사는 진표가 40대 중반에 이른 경덕왕 말년에서 혜공왕(惠恭王, 765~779년) 초에 이루어졌으며, 또 그것은 경덕왕의 부름을 받아 보살계를 주고 왕과 귀족들이 크게 시주하여 불사를 널리 일으켰던 사실과 연결되지 않을까 싶다.

진표의 점찰법과 미륵 신앙은 금산사로 찾아온 제자 영심(永深)과 융종(融宗), 불타(佛陀) 등에게 계승되었다. 그의 제자들 또한 스승과 마찬가지로 온몸을 내던지는 참회 수행으로 진표의 계법을 받아 각기 산문의 개조(開祖)가 되었다고 전한다. 진표가 미륵에게 받았다는 189간자와 그의 손가락 뼈인 제8, 제9간자는 영심에게 전해졌고 그는 속리산에 길상사(吉祥寺)를 세우고 점찰법과 교화를 베풀었다. 진표의 간자는 다시 헌덕왕(憲德王, 809~825년)의 아들인 심지(心地)에게 전해져 중악 동화사에 보존되게 되었고 후일 석충에 의해 고려 태조 왕건에게 바쳐졌다고 한다.

고려시대의 금산사와 법상종

석성문과 견훤

김제에서 금평 저수지를 지나 모악산 줄기들이 에워싸고 있는 분지에서 금산사 사역에 접어들면 돌로 쌓은 성과 홍예문을 만나게 된다. 이 석성문을 '견훤성문'이라고도 한다.

935년 금산사에는 후백제 왕 견훤이 유폐된 사건이 있었다. 견훤이 말년에 왕위를 넷째아들인 금강에게 물려주려 하자 신검, 양검, 용검

등 다른 아들들이 불만을 품었다. 맏아들인 신검이 견훤을 금산사에 가두어 놓고 아우 금강을 죽인 뒤에 왕위에 올랐다. 견훤은 그뒤 금산사를 몰래 빠져 나가 고려 태조인 왕건에게 항복하였다.

금산사는 진표의 중창 이후 이 지역의 중요한 사찰로 존속되었고 후백제 시기에도 역시 중요하게 여겨졌을 것이다. 석성을 언제 쌓았는지 분명치 않으나 후백제 왕실과 금산사의 특별한 관련을 보면 후백제 때 쌓았을 것으로 여겨진다. 석성문을 지나면 바로 사찰 경내로 들어가게 되어 있어 석성은 금산사의 사세를 보여 주는 것이기도 하다.

소현의 중창

고려시대에 들어와 금산사는 진표의 점찰법이 전해졌던 속리사(법주사), 동화사 등과 함께 법상종에 속하는 중요한 사찰로 나타난다. 법상종은 11세기 초 목종과 현종(顯宗, 1010~1031년)대 이후 왕실과 관련을 맺으며 크게 융성하게 되었다. 대지국사 법경(法鏡), 혜소국사 정현(鼎賢), 지광국사 해린(海麟)으로 이어지며 계속 국사를 배출하여 화엄종(華嚴宗)과 함께 불교계를 주도하였다. 이 시기에 고려의 귀족적인 불교 문화도 활짝 꽃피우게 되었다.

이때 법상종은 문벌 귀족인 인주 이씨 가문과 깊은 관련을 맺게 된다. 금산사는 혜덕왕사(慧德王師) 소현(韶顯, 1038~1095년)이 머무르고 있을 때 크게 중창되어 대가람으로서 면모를 새롭게 한다. 금산사에 대해서 소현의 중창 때까지 별다른 기록이 전하지 않는 것으로 보아 고려에 들어와서는 한때 쇠퇴하였던 듯하다. 현존하는 석조물인 5층석탑(보물 제25호)과 방등계단(方等戒壇, 보물 제26호), 석련대(石蓮臺, 보물 제23호), 노주(露柱, 보물 제22호) 등은 모두 이때 조성된 것으로 추정되고 있다.

금산사는 대사(大寺), 봉천원(奉天院), 광교원(廣敎院)의 세 구역으

석성문 '견훤성문'이라고도 하는 이 석성문은 사찰에 들어가는 관문으로 예부터 금산사를 수호하던 성문이다.

로 나뉘어 거대한 사역에 많은 전각들이 있었다고 전하는데 그러한 규모를 갖추게 된 것은 소현의 중창에서 비롯된다. 그 가운데 대사 구역만 현존하고 동북쪽의 봉천원과 남쪽의 광교원은 그 터만 남아 있다.

소현은 이자연(李子淵)의 다섯째아들로 해린에게 출가하여 유식학을 배운 학승이었다. 그는 왕륜사(王輪寺)에서 열린 승과에 급제하여 대덕(大德)의 법계를 받고 중대사(重大師), 삼중대사(三重大師)의 지위에 오르며 대궐에서 열린 대장 법회와 개국사(開國寺) 및 자운사(慈雲

寺)에서 열린 승과를 주관하기도 하였다.

소현이 금산사에 머무른 시기는 진표의 금산사 중건 이후 200여 년의 세월이 흐른 시점이다. 삼중대사의 지위에 있던 1079년(문종 33) 금산사 주지로 부임한 소현은 남아 있던 법당들을 보수 증축하는 것에 그치지 않고 크게 중창하였다.

소현은 1083년 승통(僧統)이 되어 법상종 교단을 이끌게 되면서 현화사(玄化寺)에 주석하였으나 다시 금산사로 돌아와 입적하였던 듯하다. 그는 금산사 봉천원에서 천화(遷化)하였고, 숙종이 '혜덕왕사'라는 시호를 내렸다. 금산사 동쪽 부도전(浮屠田)에 그의 탑비인 '혜덕왕사진응탑비'가 있는데 비신 옆에 용이 화려하게 부조되어 있다. 그것은 안성 칠장사 혜소국사탑비와 원주 법천사의 지광국사탑비와 같이 고려 전기에 건립된 법상종 탑비의 양식을 따른 것으로 생각된다.

혜덕왕사진응탑비는 마멸이 심하여 판독이 어려우나 고탁본 등이 전하여 비명(碑銘)이 알려졌다. 비문(碑文)에서 제자로는 문종의 아들인 도생승통(導生僧統)을 비롯한 1천여 명이 있었다고 하는데, 이를 통해 당시의 법상종과 금산사의 교세를 엿볼 수 있다.

소현의 활동과 미륵 신앙

소현은 금산사 남쪽에 따로 광교원을 설립하였다. 「혜덕왕사탑비명」에 의하면 광교원 가운데 따로 금당을 짓고 그곳에 노사나불과 현장(玄奘), 규기(窺基) 스님의 상을 모셨다고 한다. 또 규기의 저술인 『유식술기(唯識述記)』와 『법화현찬(法華玄贊)』을 비롯한 유식 법상 계통의 전적 32부 353권을 교정하여 간행하고 그것을 사방에 널리 보급하였다고 한다. 따라서 광교원은 경전과 불서 등을 판각 사경(寫經)하고 유포하는 간경장으로 쓰였음을 알 수 있다.

현장은 당나라 승려로서 인도 나란타대학에 유학하고 유식학 중심의

금산사 5층석탑 고려시대에 들어 소현이 금산사에 머무르면서 방등계단, 석련대, 노주 등과 함께 건립한 5층석탑은 절터의 동북쪽 낮은 언덕 위에 자리하고 있다.

많은 경론을 가지고 돌아와 대대적으로 번역해낸 인물이다. 또 규기는 현장의 제자로서 그의 역경 사업에 참여하였고 현장에 의해 새로 전래된 불교학, 곧 신유식(新唯識) 교학을 바탕으로 법상종을 개창한 인물이다. 그의 『유식술기』는 법상종에서 가장 중시되는 『성유식론』을 주석한 것이다. 『법화현찬』은 신유식의 입장에서 『법화경(法華經)』을 주석한 저술이다. 규기는 신유식의 입장에서 불교의 여러 교설에 대해 재검토하고 많은 저술을 남겼으며, 그의 학설은 법상종에서 정통으로 받아들여졌다.

또한 태현(太賢), 경흥(憬興)을 비롯한 신라의 법상종 승려들도 유식 관계만이 아닌 불교학의 광범한 분야의 전적에 대해 유식의 입장에서 많은 저술을 남겼다. 그래서 현장의 신역 경전이 전해지고 그에 대한 유식학승들의 연구와 저술이 활발하였던 삼국통일 이후의 100여 년 동안은 불교학이 가장 융성한 시기였다.

소현이 금산사에 현장과 규기의 상을 모시고 유식 법상 관계의 서적을 간경 유포하였던 사실은 소현보다 약간 뒤에 활동하였던 대각국사(大覺國師) 의천(義天, 1055~1101년)의 활동과 비교될 수 있다. 의천은 문종(文宗, 1047~1082년)과 인예왕후 사이에서 태어난 왕자로 화엄종 승려로 출가하여 문종의 후원을 받아 흥왕사를 개창하고 화엄종 교단을 이끌었다. 이 시기는 화엄종과 법상종 양 교단이 왕실을 비롯한 여러 문벌 귀족 가문의 후원을 받으며 서로 자신들의 교학이 성(性)과 상(相)을 종합한 원실(圓實)의 학문임을 내세우며 경쟁하던 시기다.

소현은 또 금산사에 현장, 규기의 두 스님과 원효(元曉)와 태현을 비롯한 해동(海東) 6조의 상을 그려 절에 안치하고 배우는 자들이 그것을 보고 경배하고 신앙하여 지혜를 얻기를 원하였다. 소현은 원효와 태현 등을 '해동 6조'라고 하여 신라 법상종의 계통을 밝히고 있다. 이것은 화엄종에서 의천이 화엄 9조를 설정하고 화엄 관계 전적들을 모아 간행하며 종파 의식을 강조하였던 것과 대비되는 사실이다. 원효는 의천에 의해 높이 평가되어 '화쟁국사(和諍國師)'의 시호가 올려졌고, 법상종만이 아니라 화엄과 천태종(天台宗)에서도 각기 조사(祖師)로 내세워지기도 하였다. 또한 태현은 『삼국유사』에 유가조(瑜伽祖)라고 일컬어져 있어 고려시대에 유가업 법상종의 조사로 받들어졌던 인물이다.

이것은 많은 신라 유식학승들의 불교학 연구와 수행이 8세기 중엽 태현에 와서 법상종으로 개창되었다는 사실을 말해 준다. 태현에 대한 경배와 유식 전적 간행이 금산사에서 이루어진 것을 볼 때 고려시대 법상종은 유식학 중심의 태현의 계통과 점찰법 중심의 진표 계통이 하나로 합쳐졌음을 알 수 있다.

또한 11세기에는 고려 초부터 있어 온 몇 차례에 걸친 송의 대장경 전래를 바탕으로 직접 대장경을 조성하는 사업이 이루어졌다. 그것은 현종대에 건립한 법상종 사찰인 현화사에서 『대반야경(大般若經)』과 『화엄경(華嚴經)』, 『법화경』 등의 인판을 주조하여 봉안하고 널리 보시하는 것으로 시작되었다. 74년에 걸친 방대한 초조대장경(初雕大藏經) 주조 사업은 고려의 국력을 기울인 대사업이었다. 이 사업에 이어 의천은 고려뿐만 아니라 송, 요, 일본 등 당시 동아시아에 전래되고 있던 불교 전적들을 수집하여 『속장경』을 간행하고 당시까지의 불교학의 성과를 종합 정리하였다. 그래서 이 시기 고려 불교는 대규모의 불교 전적 간행 사업이 이루어진 것이 특징으로 지적될 수 있다. 소현의 유식 관계 전적 간행도 이러한 분위기에서 이루어진 것이다.

소현은 또한 독실한 미륵 신앙자였다. 그는 미래에 좋은 과보를 얻고자 한다면 현재에 인연을 심어 두어야 한다며 도솔천 상생을 간절히 원하여 수행하고 다달이 제목을 붙여 미륵의 상을 그렸다고 한다. 또 매년 법연(法筵)을 열고 도반(道伴)을 모아 예참(禮參)과 재를 설하였으며 천화할 때도 미륵의 이름을 염하고 사홍서원(四弘誓願, 위로 보리를 구하고 아래로 중생을 구제하는 보살들의 네 가지 큰 서원)을 문하 제자들에게 이르고 입적하였다고 한다.

소현 이후 금산사는 문종의 여섯째아들이자 의천의 동생인 도생승통 규(竅)가 주석하여 융성한 사세가 이어졌다. 규는 문종 24년 중대사였던 소현을 궁중으로 맞아들여 계를 받고 출가하게 되었다. 규와 의천의 모친인 인예왕후 이씨는 이자연의 맏딸로 소현과 동기간이 된다. 규는 속리산 법주사의 주지를 맡고 있다가 소현이 입적하자 금산사의 주지를 겸하게 되었다. 그러나 그는 예종 7년(1112) 반역에 연루되어 거제현에 귀양가서 사망하였다.

금산사에서 시작되었던 진표의 점찰법은 고려시대에도 법상종 사찰들에서 베풀어졌다. 인종(仁宗, 1123~1146년)대에 법주사에서 설한 점찰회는 숙종(肅宗, 1096~1105년)이 즉위할 때 정치적 변란으로 비명에 갔던 원혼들을 천도하기 위한 것이었다. 명종(明宗, 1171~1197년)대에 도솔원에 설한 점찰회 역시 '무신의 난'으로 명을 다하지 못하고 죽은 혼백을 천도하기 위한 것이었다. 이처럼 국가적 법회로 점찰회를 베풀었던 사실을 전하는 글들에는 진표가 참회 수행으로 미륵에게 점찰법을 받은 사실을 기록하고 특히 그의 점찰법은 효용과 혜택이 넉넉하다고 강조하였다. 또한 소현의 제자인 진억(津億)은 지리산에서 수정사(水精社)라는 결사를 맺어 많은 입사자(入社者)들과 함께 선악의 보응을 점찰하고 참회 수행하였다. 수정사에서는 서방 왕생을 원하여 점찰법이 아미타 정토 신앙과 연결된 모습을 보여 주고 있다.

고려 후기의 금산사

도생승통 규의 주석 이후 금산사의 사세는 점차 약화되었을 것으로 생각된다. 특히 무신의 난 이후 무인집권기에는 문벌 귀족과 연결되어 있던 교종을 탄압하고 선종을 우대하는 불교 정책으로 인하여 법상종의 교세는 약해지게 되었다.

그러나 몽골과 오랜 전쟁을 치른 뒤 고려가 원의 부마국이 되었던 원 간섭기에는 홍진국존 혜영(惠永)과 자정국존 미수(彌授) 등이 배출되어 법상종이 다시 불교계를 주도하게 된다. 또 원 황실의 요청에 따라 이루어진 사경 사업에 법상종 승려가 대거 동원되기도 하여 원과의 관계에서 특히 법상종이 두드러진 사실을 엿볼 수 있다.

금산사는 1298년(충렬왕 24) 홍진국존 혜영의 문도인 효정(孝禎) 승통이 주지를 역임한 바 있다. 이를 통해 고려 후기에도 금산사는 승통이 주지하는 사찰로서 사격(寺格)이 높았음을 알 수 있다.

금산사는 원간섭기에 다시 한 번 중창된다. 1328년(충숙왕 15) 원나라에서 유식학과 계율로 이름이 높았던 원명대사(圓明大師) 해원(海圓, 1262~1330년)이 귀국하여 중창하였다.

해원은 금산사에서 가까운 완산주 함열 출신으로 속성은 조씨이다. 그는 열두 살에 출가하여 금산사의 석굉법사(釋宏法師)를 은사로 하여 경론을 배웠다. 1294년 승과에 급제하여 불주사(佛住寺)의 주지가 되었는데, 1305년 그의 계행이 매우 높다는 말을 들은 원나라 안서왕의 초빙을 받아 원의 수도 연경에 갔다.

당시 원을 세워 대제국을 이루었던 몽골은 목축을 생업으로 하였기 때문에 육식이 주식이었고 의복도 주로 짐승 가죽으로 만든 것이었다. 그러나 해원은 굶주림을 참으면서 절대로 육식을 하지 않고 계율을 철저하게 지켰다고 한다. 이에 안서왕은 더욱 그를 중히 여겨 봄가을의 순행(巡行)에 어가(御駕)를 수행하도록 부탁하기도 하였다. 그리고 원의 수도에 새로 건립된 대사찰 숭은복원사(崇恩福元寺)에 초청되어 제1세 주지로 주석하기도 하였다.

해원은 충숙왕의 청으로 1328년 귀국하여 금산사를 중창하게 된다. 그는 금산사를 중심으로 법회를 열고 불전들을 중창하였다. 충숙왕은

그를 '중대광우세군(重大匡祐世君)'으로 봉하고 동시에 '혜감원명편조
무애국일대사(慧鑑圓明遍照無碍國一大師)'의 법호를 내려 크게 우대하
였다.

해원은 다시 원에 건너가 숭은복원사에서 입적하였는데 남은 것은
발우(鉢盂)와 남루한 가사가 전부였다고 한다. 그는 유식학의 대의에
통달하여 많은 사람과 논쟁을 하였으나 항상 그들을 조복(調伏)시켰으
며 사람을 대함에 존비를 차별하지 않고 한마음으로 접대하여 늘 사람
들이 모여들었다고 한다. 또 제자들 가운데 사치를 일삼는 사람에게는
백성들이 힘을 다하여 도량을 지었음을 생각하게 하고 게으르거나 함
부로 하지 말라고 타일렀다고 한다.

금산사에서 출가하고 수학하였던 해원이 계행과 유식학으로 이름이
높았다는 사실을 볼 때, 법상종 사찰인 금산사에는 계율과 유식학의 전
통이 고려 후기까지 지속되었음을 알 수 있다. 해원이 다시 금산사를
중창하고 법회를 열었던 것은 금산사가 고려 후기에도 법상종의 중요
한 사찰임을 보여 준다.

조선의 불교와 금산사

금산사 의승의 활동

불교가 국교로서 우대받으며 사회와 문화를 이끌었던 고려시대와 달
리, 조선시대에는 억불숭유(抑佛崇儒)의 국가 정책에 따라 억압받게
되었다. 태종 때부터 출가를 억제하고 사원 소유의 토지와 노비를 혁거
(革去, 묵은 법의 폐해를 개혁함)하는 것과 함께 종파 소속의 사찰과 승
려의 수를 제한하거나 종단을 축소하는 등의 조치가 연달아 시행되었
다. 이에 따라 조선 초 11종이던 불교 종파는 7종으로 축소되었고, 다

원명대사비 금산사에서 출가하고 수학한 중창주 원명대사 해원을 기리기 위해 조성한 원명대사비는 부도전 안에 안치되어 있다.

뇌묵 처영의 진영 어려서 금산사에서 출가하였던 처영은 임진왜란이
일어나자 금산사를 중심으로 승병을 모아 각종 전투에 참가하여 많은
전과를 올렸다. 해남 대둔사의 표충사에 봉안되어 있다.

시 세종(世宗, 1419~1450년) 대에는 선교 양종으로 통폐합되었다. 또한 승과도 폐지되었고 승려는 국가의 부역에 동원되는 등 천시되었다.

그러나 임진왜란 때 왜군을 물리친 의승들의 활동은 불교를 다시 보게 하였고 조선 후기 중창 불사가 크게 일어나는 계기가 되었다. 왜란이 일어나 각지의 사찰들이 불타고 문화재가 약탈당하게 되자 승려들은 전국 각지에서 일어나 왜적과 싸웠다. 의승들의 활동으로 인해 금산사는 이 지역의 중심이 되었다.

뇌묵 처영(雷默處英)은 서산 휴정(西山休靜, 1520~1604년) 대사의 제자로 스승과 함께 승병을 모아 왜적과 싸우다가 전사하였다. 처영은 어려서 금산사에서 출가하였고 후에 묘향산으로 가서 휴정대사에게 선종의 종지(宗旨)를 전수받았다. 왜란이 일어나자 처영은 금산사를 중심으로 승병 1천여 명을 모아 전투에 참가하여 호남 승군의 총수로서 많은 전과를 올렸다. 처영을 중심으로 화엄사, 대흥사, 백양사, 내장사 등에 있던 승려들이 곳곳에서 일어나 왜적을 물리쳤다. 그 공로로 처영은 총섭의 지위를 받고 후에는 '국일도대선사부종수교보광현랑뇌묵(國一都大禪師扶宗樹教葆光玄朗雷默)'이라는 법호를 받았다. 후일 1794년(정조 18) 조정에서는 해남 대둔사의 표충사(表忠祠)와 묘향산 수충사(酬忠祠)에 서산의 제자로 사명과 처영의 진영을 함께 봉안하도록 하였다.

또 소요 태능(逍遙太能, 1562~1649년)은 담양 출신으로 부휴(浮休) 스님의 문하에서 공부하고 금강산, 구월산, 오대산 등지를 찾아다니며 수도하던 중 임진왜란을 맞아 폐허가 된 절을 지키며 불전을 수리하고 기도를 올리는 활동을 하였다. 임진왜란 후에는 승려들을 동원한 축성 역사에 종사하였다.

조선 후기의 금산사

임진왜란으로 많은 사찰이 불타고 절에 수장되어 있던 경전과 유물들이 많이 없어졌다. 전쟁이 끝난 후에는 사세가 큰 사찰에서 왕실이나 세력가의 후원을 얻어 사찰을 중수하는 일이 성행하였다.

금산사는 임진왜란 때 왜군을 물리치는 데 중심이 되었으나 병화 중에 미륵전, 대장전, 광교원 등 모든 가람과 산내 40여 암자가 모두 불타 버렸다. 그래서 오늘날 남아 있는 건물들은 모두 1601년(선조 34) 수문(守文) 대사에 의해 이루어진 재건의 대역사에서 건립된 것들이다. 금산사 재건은 이후 35년 동안 계속되어 1635년(인조 13) 낙성을 보았다.

사찰 중건과 함께 사지(寺誌)를 편찬하여 그 사적을 정리해 두려고 하는 경우가 많았다. 지금 전하고 있는 여러 사지는 이때부터 이루어진 것들이다. 금산사의 사적도 절의 재건 공사와 함께 자료를 수집하여 작성되었던 듯하다. 지금 필사본으로 전해 오고 있는 『금산사사적』은 지은이를 알 수 없으나 1635년의 기록을 1705년(숙종 31)에 고쳐 쓴 것이라고 한다. 그러나 이것은 앞에서 밝힌 바와 같이 임진왜란으로 인해 절에 전하는 기록이라고는 한 자도 의지할 것이 없게 되자 『삼국사기』 등에 의해 편찬한 것이다. 그래서 조선 중기 이전의 기록은 매우 허술하고 오류가 많다.

또한 조선 후기 불교는 서산 휴정 계통을 중심으로 하여 선종 일색으로 바뀌게 된다. 그뒤 불교계에서는 참선과 교학, 염불을 함께 하는 삼학(三學) 수행이 일반화된다. 참선을 중심으로 하되 불교학에도 비중을 두는 경향에 따라 『화엄경』을 비롯한 경전 강의가 활발하게 이루어졌고, 승려들의 문집도 다수 간행되었다. 이러한 분위기에서 금산사에도 영조(英祖, 1725~1776년) 대의 대강백 환성 지안(喚惺志安, 1664~1729년)이 천4백여 명의 대중이 모인 화엄 대법회를 열었다는 기록이

전한다.

1635년 재건된 금산사는 19세기 말부터 현재에 이르기까지 여러 차례 보수되어 오늘에 이르고 있다. 또한 화엄 대법회의 전통은 오늘날까지 이어져 화엄 학림에서 학승들의 불교학 연구가 이루어지고 있다.

조선시대에 금산사가 미륵 신앙과 참회 수행의 도량이었음을 보여 주는 흔적은 임진왜란 후 재건된 미륵전과 석종형 사리탑인 방등계단 정도이다. 그러나 미륵 신앙은 이 지역에 기층민의 신앙으로 뿌리내려 이상 세계의 도래를 희구하는 미래불 미륵의 출현과 신흥 종교 집단이 출현하는 바탕이 되었다.

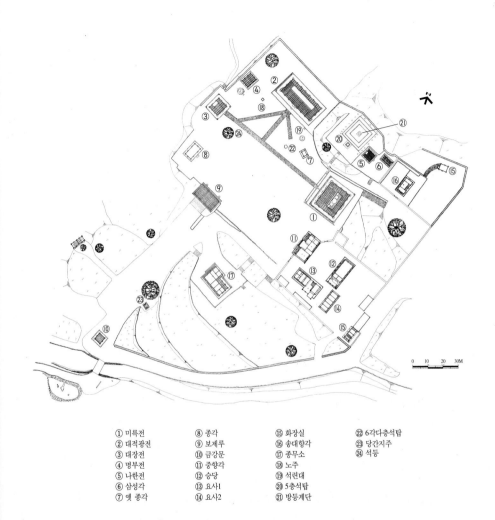

① 미륵전	⑧ 종각	⑮ 화장실	㉒ 6각다층석탑
② 대적광전	⑨ 보제루	⑯ 송대향각	㉓ 당간지주
③ 대장전	⑩ 금강문	⑰ 종무소	㉔ 석등
④ 명부전	⑪ 중향각	⑱ 노주	
⑤ 나한전	⑫ 승당	⑲ 석련대	
⑥ 삼성각	⑬ 요사1	⑳ 5층석탑	
⑦ 옛 종각	⑭ 요사2	㉑ 방등계단	

대사구(중심곽) 전체 배치도(1985년 작성)

금산사의 건축

금산사는 전라북도 김제 일대의 넓은 평야 지대에 우뚝 솟은 모악산 서쪽 기슭에 자리잡고 있다. 행정 구역상으로는 김제시 금산면 금산리로 김제시에서는 동쪽 끝이며, 전주시와의 접경지에 위치하고 있다.

금산사로 들어가는 길은 호남선 철도의 김제 역이나 호남고속도로의 금산사 인터체인지에서 동쪽 포장도로로 접어들어 원평을 거쳐 가는 방법이 있고, 전주에서 모악산 서북쪽 기슭에 있는 귀신사(歸信寺) 옆을 지나면 바로 사찰 경내에 진입하게 된다.

모악산은 전라북도의 중심에 뻗어 있는 노령산맥의 가운데 봉우리(해발 794미터)로, 자연 경관이 매우 아름다워 도립공원으로 지정하여 보호하고 있다. 여기서 흘러내린 물줄기는 김제, 만경 평야 등의 넓은 곡창지를 적셔 주는 젖줄이 되고 있으며, 이 일대에는 백제 때의 벽골제를 비롯한 수많은 저수지와 제방들이 있어 우리나라 관개(灌漑) 수리(水利) 역사에 큰 획을 긋고 있다.

산세가 뚜렷한 영봉(靈峰)의 정기를 받아서인지 예부터 산 아래에는 여러 고찰(古刹)들이 들어서 있었고 근세에는 이곳을 발상지로 하는 신흥 종파들이 산기슭마다 모여 있었다고 한다. 옛 기록에는 모악산

대사구 전경 절터의 동북쪽 낮은 언덕 위에 위치한 5층석탑과 방등계단은 사중의 긴요처가 되고 있으며 그 앞 평탄한 대지 동쪽에는 미륵전이 서쪽을 향해 있으며 가장자리에는 대장전이 있다.

계곡마다 40여 개의 산내 암자가 있었다고 하는데 대부분 임진왜란 때에 불타 버리고 지금은 심원암(深遠庵), 청련암(靑蓮庵), 용천암 등만 남아 있다.

금산사는 모악산 기슭에 길게 뻗어내린, 절을 감싸고 있는 낮고 평평한 수림 속에 큰 터전을 잡고 있는데 평지 사원과 같은 느낌을 준다.

지금 사찰의 중심곽인 미륵전, 대적광전 일원의 넓은 대지 북쪽에는 모악산 주봉에서 흘러내린 줄기가 멈추어서 작은 구릉을 이루었는데 이를 송대(松臺)라고 부른다. 예부터 절의 중요 지역으로 숭앙되어 왔고 여기에 부처의 사리를 봉안한 방등계단과 5층석탑이 있다. 금산사가 가장 번성하였던 고려시대에는 이곳에 봉천원이란 도량을 개설하였는데, 중심곽인 대사구(大寺區)와 함께 삼원의 도량을 형성하는 대가람을 이루었다.

가람 배치

금산사의 가람은 일주문, 금강문, 사천왕문 등 주변 일대의 문과 5층석탑, 방등계단, 미륵전, 대적광전, 나한전, 요사, 중향각 등의 중심 도량 일대에 산재한 전각들로 이루어져 있다.

임진왜란을 겪은 뒤 폐허가 된 대가람을 복구하면서 우선 대사구 일원만이 복원되어 오늘날 금산사의 중심 사역이 되었고 광교원과 봉천원 옛터는 성대(盛代)의 영화를 땅속에 묻어 둔 채 넓은 들녘을 이루었다.

최근의 금산사 가람은 옛 모습과 많이 다른데, 창건 이래 고려와 조선시대를 거치면서 많은 중창이 있어 왔고, 지금도 공사 중에 있는 건축물이 있다. 1961년에는 미륵전·대장전·하서전이 중수되었고, 일주문과 보제루, 종각·종무소 등을 중수하거나 새로 지었다. 또한 1975년에는 5층석탑을, 1994년에는 미륵전을 해체 수리하였으며, 금강문·사천왕문·나한전 등도 지었다. 1997년에는 금산사 5층석탑과 석종이 놓인 기단을 보수하였으며, 이와 함께 적멸보궁과 삼성각을 대웅전의 뒤편으로 옮겼다. 그런데, 1986년 대적광전에 불이 나 대적광전

『금산사사적』 및 『금산사지(金山史誌)』에 수록된 삼원 지역의 건물명과 현존 건물 비교표

	대사구 지역의 역대 건물명	대사구 지역 현존	봉천원 구역	광교원 구역
불·보살전	3층 장륙전(4방 5칸) 대웅대광명전(20칸) 영산전(15칸) 해장전(50칸) 대장전(3칸) 무설전(3칸) 극락전(7칸) 능인전(7칸) 문수전(5칸) 보현전(5칸) 원통전(5칸) 나한전(7칸) 시왕전(9칸) 요사전(5칸)	미륵전(5×4칸, 78.87평): 일명 용화전, 산호전, 장륙전 대적광전(7×4칸, 91.34평) 대장전(3×3칸, 17.52평) 명부전 나한전	대광명전(20칸) 도솔전(3칸) 시미전(3칸)	보광명전(20칸)
조사영당	미륵수계전(5칸) 지장수계전(5칸) 향적전(15칸) 선등전(5칸) 무영당(3칸)	적멸보궁 삼성각	칠성전(5칸) 팔관당(7칸) 옥사각(3칸)	설법전(7칸) 진표 영당(3칸) 해동 6조 영당(3칸) 십성 영당(3칸) 전단림(15칸) 혜덕 영당(3칸)
누·문	3층종루(3칸) 만세루(12칸) 서운루(5칸) 방광문(3칸) 태양문(7칸) 천왕문 해탈문(3칸) 조계문(3칸)	종각(옛 종각, 최근 철거) 보제루 천왕문 금강문(옛 금강문) 일주문	3층 종각(루) 3칸 산호루(13칸) 좌경루(3칸) 우경루(3칸) 배운루	3층 종각(루) 3칸 취서루(7칸)

과 함께 이 안에 봉안되었던 조선시대의 뛰어난 불보살상들이 불에 타 버리는 불행한 사건이 일어나기도 하였다. 지금의 대적광전은 1994년에 복원한 것이다.

금산사의 사역(寺域)은 어디에서부터 시작될까? 지금 집단 시설 지구로 상가(商街)와 여관촌이 형성된 절 어귀의 냇물을 건너면 초입에 있는 석성문과 마주치게 된다. 이 문은 사찰에 들어가는 관문으로 예부터 금산사를 수호하던 잠성(岑城)의 성문이다.

여기서 잘 다져진 산행로를 따라 400미터 가량 더 들어가면 일주문이 있는데 '모악산 금산사(母岳山金山寺)'라고 가로로 쓴 편액이 걸려있다. 그러나 절에 들어섰음을 느끼기 시작하는 곳은 이곳으로부터 한참을 더 들어간 계류변에 새로 지은 나무다리와 금강문, 사천왕문이 세워진 주변 일대이다.

옛 금강문이 단촐하게 옛 모습을 보이는 길을 따라 들어간 곳에 천몇백 년을 지켜온 당간지주(幢竿支柱)가 서 있는 것을 보면, 후대에 이절을 확장하면서 절의 신표인 당간 밖으로 전각들을 세워 나간 것으로 추측된다.

중문(보제루)을 지나고 누하(樓下, 누각 아래) 진입로를 통해 중심도량에 오르면 넓게 확 트인 대지 위에 우뚝 솟은 전각들이 한눈에 들어온다. 절터[寺地]의 동북쪽 낮은 언덕 위에는 방등계단과 5층석탑이 있어 사중(寺中) 긴요처가 되고 있고 그 앞 평탄한 대지 동쪽에는 미륵전(3층 불전)이 서쪽을 향해 있으며 대지의 가장자리 부근에 대장전이 있다.

미륵전과 대장전을 가르는 중심 진입축선에서 약간 북쪽으로 치우친 곳에 대적광전(거대한 불전)이 자리하고 있다. 대적광전 서쪽에는 명부전이, 동쪽에는 나한전(응진전)이, 대장전 남쪽에는 법고각을 겸한 종각이 세워져 있다. 미륵전 남쪽에는 근래에 새롭게 이건 단장된 승당

(僧堂)과 대중방이 있는 요사, 중향각, 부속 건물(식당과 공양방, 주방 등) 등이 있는데 후원 요사 일곽을 돌담으로 둘러 중심 도량 동쪽을 막아 줌으로써 외곽을 정리하였다.

금산사 중심곽의 좌향(坐向)을 논하려면 금당을 어느 불전으로 보느냐 하는 문제가 있다. 금산사의 불교 신앙 체계로 볼 때 개창 당시부터 주불(장륙삼존불)을 봉안했던 3층 미륵전이 주된 불전이라는 주장이 여러 논고에 제기되었지만, 후대(조선 중기)에 선종의 도량이 되면서 대웅전·약사전·극락전 등의 예배 대상을 종합한 대적광전을 세운 뒤 양대 성격을 함께 수용한 사원이 되었기 때문이다.

미륵전 전면, 곧 대적광전 앞마당 오른쪽에는 연꽃으로 장식된 불상 대좌석(석련대, 보물 제23호)과 봉천원 구역에서 옮겨진 6각다층석탑(청석탑, 보물 제27호)이 있으며, 전정 왼쪽에는 노주가 독립해 있고 대장전 앞에는 석등(石燈, 보물 제828호)과 '나무아미타불'이라 새겨진 단일 입석 등 여러 점의 석조물이 세워져 있다.

송대에 오르는 길은 5층석탑 전면 중앙의 석계(石階) 외에도 미륵전 배면에서 오르는 경사로가 개설되어 있다.

탑과 방등계단이 있는 구역 동쪽에 석축을 쌓아 작은 단지를 이룬 곳에 적멸보궁이 세워져 있는데, 이 보궁은 무소불전(불상이 모셔지지 않은 곳)으로 참배객들이 유리벽을 통해 부처의 사리 부도를 경배하며 예배를 드리도록 되어 있다.

적멸보궁 앞에는 남쪽으로 향해 있는 삼성각이, 그 동쪽 아랫자락에는 돌담을 둘러 아늑하게 구획한 자그마한 요사 한 채가 있는데, 이곳에는 보궁 지역을 관장하던 노전(爐殿)과 '송대향각(松臺香閣)'이라 불리웠던 계단이 있다. 근래에는 원로 스님들의 거처로 이용되고 있다.

중심 사역 외곽으로는 석담이 둘러져 청정 도량을 이루며, 대장전 뒤쪽의 계곡 건너 100미터 거리에는 별원으로 쓰고 있는 선방 두 채가 있

일주문과 사천왕문에서 바라본 금강문 가로로 '모악산 금산사'라고 쓴 편액이 걸려 있는
일주문(위)을 지나 한참을 더 들어가면 계류변에 위치한 사천왕문(아래)을 만날 수 있다.

누하 진입로에서 바라본 중심 전각들 중문(보제루)을 지나고 누하 진입로를 통해 중심
도량에 오르면 넓게 확 트인 대지 위에 우뚝 솟은 전각들이 한눈에 들어온다.

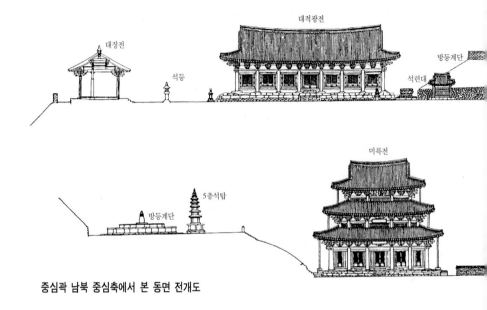

중심곽 남북 중심축에서 본 동면 전개도

　　는데, 이를 서전(西殿)이라 한다. 선승들이 기거하며 참선에 열중하고
있는 하서전 뒤쪽으로는 산신각이 있고 한적한 수림 속에 있는 상서전
이 세속을 잊게 한다.

　　송대 동북쪽에 있는 모악산 정상으로 오르는 길을 따라 300여 미터
정도 오르면 옛 봉천원이 있던 북쪽 언저리에 열지어 서 있는 일단의
부도군을 만날 수 있다. 혜덕왕사를 비롯한 고승들의 부도와 석비가
근래에 새로 조성된 진표율사 부도와 함께 서 있다.

　　금산사의 가람 구조는 백제식 가람 배치법이라고도 하는 직교형 배
치와 미륵 신앙 지역과 화엄 신앙 지역으로 나누어 생각할 수 있는 불
전을 한데 수용한 배치 형태를 취하고 있다. 후자의 배치 형태는 법상

중심곽 동서 중심축에서 본 북면 전개도

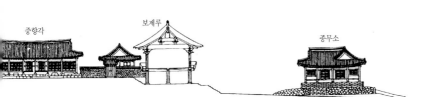

(法相)과 법성(法性), 곧 양대 계통의 흐름을 계속해서 전하는 우리나라 불교의 특징을 보여 준다.

목조 건물

미륵전(국보 제62호)

신라 법상종 계통의 미륵본존을 봉안하고 있으며 금산사의 중심 금당이다.

초창 당시의 위치나 건물 형상은 정확히 알 수 없지만 「진표율사진신

미륵전 절의 중심 금당으로 팔작지붕으로 되어 있으며 1층과 2층은 정면 5칸, 측면 4칸
이며 3층은 정면 3칸, 측면 2칸으로 줄어들었다.

미륵삼존상을 모신 3층의 미륵전 전경 1층엔 대자보전, 2층엔 용화지회, 3층엔 미륵전이라고 쓴 편액이 걸려 있는데, 이 현판들은 모두 금산사가 미륵 신앙의 도량임을 나타낸다.

미륵전의 2층 공포와 용두 각층의 처마를 받치는 공포들은 쇠서와 운공 조각으로 치장하였고(옆면 위), 우측 처마 밑에는 공포 외에 용두가 조각되어 있다. (옆면 아래)

미륵전의 서쪽 벽과 벽화 공포와 공포
의 사이 벽에는 불교 설화를 그린 벽화
들로 채워져 있다. (위, 옆)

미륵전 내부 건물 외관은 3층이지만
전체가 터져 있는 내부에는 약 12미터
에 달하는 거대한 불상을 안치하기에
알맞다. (옆면)

「장골탑비명」에는 "진표율사가 미륵장륙상을 3층전에 봉안했다"고 기록되어 있는데 정유재란 때 불에 탄 것을 그뒤 중창하여 복원한 것이 오늘의 미륵전이다. 지금도 소조 불상 대좌 아래에는 큰 철제 수미좌(須彌座)가 남아 있는데 옛 장륙상의 대좌라고 전해진다.

팔작지붕으로 된 미륵전의 1층과 2층은 정면 5칸, 측면 4칸이다. 3층은 정면 3칸, 측면 2칸으로 줄어들었다. 전각을 세우기 위해 장대석(長臺石)의 기단이 마련되었고 그 위에 막돌초석을 올렸다. 겹처마이며, 기둥과 기둥 사이에 공포를 얹은 다포식 건물이다. 공포는 내외 2출목(內外二出目)으로 주간(柱間, 기둥사이)에는 공간포를 1구씩 두었고, 살미첨차의 끝은 모두 앙서〔仰舌〕로 되어 있다.

건물 외관은 3층이지만 내부는 전체가 터져 있어 약 12미터에 달하는 거대한 불상(미륵삼존상)을 안치하기에 알맞다. 초층에는 네 개의 높은 기둥〔內陳高柱〕를 세웠는데, 이 고주(高柱)와 변주(邊柱) 사이에는 툇보〔툇기둥과 안기둥에 얹힌 짧은 보, 퇴량(退樑)〕를 걸었다.

내부는 높은 기둥과 벽에 의지하여 불단을 배치하였고 바닥 전체에는 우물마루('井'자 모양으로 짠 마루)를 깔아 예불 공간을 형성하였다. 3층까지 이어진 높은 기둥은 모두가 두세 토막의 아름드리 나무를 이어서 연결한 다음 철물을 둘러 감아 보강했다. 각층의 처마를 받치는 공포들은 쇠서〔牛舌〕와 운공(雲工) 조각으로 치장하였고 공포와 공포의 사이 벽에는 불교 설화를 그린 벽화들로 채워져 있다.

정면의 5칸 기둥 사이에는 두툼한 정자살 문짝을 달아 필요할 때 전체 문을 개방할 수 있도록 하였고 뒤쪽 가운데 칸에도 출입문을 두었다. 2, 3층의 정면 낮은 벽에는 살대(기둥이나 벽 따위가 넘어가는 것을 막기 위해 버티는 나무)를 꽂은 채광창을 둘러서 법당 안은 의외로 밝고, 빛을 받은 부처님 얼굴이며 높은 삼존불의 모습이 신비스럽게 드러나 예불자들로 하여금 숭앙 찬불하게 하는 분위기가 조성된다.

1층 처마 밑에 걸려 있는 '대자보전'과 2, 3층의 '용화지회'와 '미륵전'이라 한 현판들은 모두가 미륵 신앙의 도량임을 나타내고 있다.

대적광전

미륵전의 서쪽에 위치하며 정면 7칸, 측면 4칸의 건물이다. 미륵전과 같이 다포식의 팔작지붕 건물로 조선시대에 세워졌으나, 1986년에 화재로 불타 버린 후 1994년에 복원된 금산사의 중심 사원이다.

누각 아래를 통과해 들어간 진입축에서 마주보이며 7칸이나 되는 긴 건물이라서 장중하고도 깊숙하다. 장대석으로 기단을 쌓고 귀솟음기둥〔귀기둥, 곧 우주(隅柱)의 높이가 길어진 기둥〕을 올렸는데, 처마 끝이 하늘로 향하고 있으며 넓은 대지에 착 가라앉은 듯한 차분함이 있다.

불당 면적이 90여 평이나 되는 건물 내부 또한 툭 트여 있어 더욱 넓어 보이는데, 둥근 대들보가 연속 배치되었고 청초한 단청의 공포가 현란하다. 기다란 불단 위에는 비로자나불을 비롯한 5구의 목조 불상과 6구의 보살상이 봉안되어 있고 불상의 머리 위에는 각각 닫집이 있다.

이곳에 모셔진 불상들을 보면 아미타─석가─비로자나─노사나─약사여래의 5부처와 이들 사이에 모셔진 대세지─관음─문수─보현─일광─월광보살의 6보살로 이루어져 있으며, 화엄 도량이 갖추고 있는 대웅보전과 대광명전·극락전·약사전 등의 여래 전각들이 한군데 합쳐진 것과 같다. 그래서 불교학자들은 금산사가 대승 불교의 신앙 체계를 모두 갖춘 종합 사찰의 성격을 지니고 있다고 해석한다.

불타기 전 대적광전 후불벽 뒷면에 그려졌던 관음보살상은 조선 중기에 제작된 불화(불벽화)로 우수한 수준이었다고 한다.

1994년에 불보살상과 닫집 등을 새로 봉안하면서 이전에 있던 목조 나한상은 복원하지 않았다.

대적광전 화재로 불타버린 후 1994년에 복원된 대적광전은 정면이 7칸이나 되는 긴 건물로 처마 끝이 하늘로 향하고 있으며 넓은 대지에 착 가라앉은 듯한 차분함이 있다.

대적광전 내부 불당 면적이 90여 평이나 되는 건물 내부 또한 트여 있어 넓어 보이는데,
기다란 불단 위에는 5부처 6보살의 불상들이 모셔져 있다.

대장전(보물 제827호)

대장전은 미륵전의 건너 마당 끝에 세워진 작은 법당인데, 본래는 장경각(藏經閣)으로 사용하던 미륵전 전면 오른쪽에 있던 목탑을 이곳으로 옮겨 법당으로 꾸민 것이다.

건물의 평면이 거의 정방형(정사각형)에 가깝고 옛 목탑의 상륜 부재로 쓰였던 복발(覆鉢)과 원추형 쇠뚜껑, 보주(寶柱) 등으로 보이는 잔재가 지붕의 용마루 위에 얹혀 있는 것으로 보아 신라 때의 목탑 양식으로 추측해 볼 수 있지만, 확실한 증거는 찾기 힘들다.

잘 다듬은돌로 바른층쌓기를 한 석조 기단 위에 막돌초석을 얹고 그 위에 두리기둥(圓柱, 둥근 기둥)을 올렸다. 건물 정면의 중앙칸에는 분합문을 달았고 좌우칸 아랫부분에는 안상(眼像)이 조각된 판벽(널빤지로 만든 벽)을 설치하였다.

본래 목탑의 전각 속에도 불상과 경전을 봉안하는 사례가 있었으므로 목탑을 변경하여 일반 법전으로 개조하고 '대장전'이란 편액을 단 듯하다. 다포계 양식으로 주두(柱頭)와 주간에는 각각 한 개씩을, 전후 중앙칸에는 두 개씩의 공포를 짜 올렸다.

건물의 내부에는 중앙의 내주(內柱) 사이에 간벽(間壁)을 치고 상부에는 벽화를 그렸으며, 그 앞에는 목조의 거신 광배(光背)를 세웠다. 또한 높이 1.07미터, 길이 4미터, 측면 1.8미터인 수미단(須彌壇)에는 정교한 장식문이 투조(透造)되어 있다.

정면 3칸, 측면 3칸의 17평 규모에 아담한 팔작지붕 건물이며 내부에 석가모니불이 봉안되었다. 옛 기록에는 대사구뿐 아니라 봉천원과 광교원에도 주불전 앞에 3층목탑이 1기씩 있었다고 한다.

이 건물도 정유재란 이후 중건하여 복구되었고 20세기 초에 이건된 것으로 알려진다.

**대장전과 지붕의 상
륜 부재** 정면 3칸,
측면 3칸의 팔작지
붕 건물인 대장전
지붕의 용마루에는
목탑 부재로 보이는
장식(복발, 원추형
쇠뚜껑, 보주 등)이
있다.

대장전 문살과 수미단 높이 1.07미터, 길이 4미터, 측면 1.8미터인 수미단에는 정교한 장식문이 투조되어 있다.

대장전 불상 목조의 거신광배 앞에는 석가모니불이 봉안되었다. (옆면)

옛 금강문

일주문을 경유하여 사찰 경내로 진입하는 초입의 계류변에 위치한 옛 금강문은 단간으로 된 가람 수호 신문(神門)으로, 출입하지는 않고 금강신의 화상을 안치한 가람 수호 신당(神堂)으로만 사용되고 있다.

정면 1칸, 측면 2칸의 팔작지붕 건물로 '모악산 금산사'라고 세로로 쓴 큰 편액이 정면 처마에 걸려 있는데, 여러 차례 중·개수를 거치는 동안 변화가 있었지만 정유재란 때에 금산사 전체가 회진(灰塵, 잿더미)되었을 때에도 유일하게 화를 면하여 오늘까지 전하게 된 것은 다행

옛 금강문 사찰 경내의 진입로에 위치한 단칸으로 된 옛 금강문은 출입하지는 않고 금강 신의 화상을 안치한 가람 수호 신문으로만 사용되고 있다. (위)

금강문 금강문은 1994년에 절의 입구를 변경하면서 옛 금강문 왼쪽 앞에다 새롭게 세운 것이다. (옆면)

한 일이다. 변모된 모습이나마 임진왜란 이전(1580년대)의 건물 기법을 보여 주는 일부 부재가 귀포(귀기둥 위에 받힌 공포) 등에 남아 있어서 매우 중요한 건물이라 여겨진다. 이 건물의 규모는 24.25평방미터이다.

1994년에 절의 입구를 변경하면서 옛 금강문 왼쪽 앞에다 새롭게 금강문을 세웠다.

명부전

중심곽의 서쪽 가장자리에 위치하며 대적광전을 중심으로 왼쪽에 있다. 대장전과 나란히 동쪽을 향하여 자리잡고 있다. 1960년대 이전에는 대적광전 전면 광장 오른쪽에서 대적광전을 바라보는 북쪽으로 배

명부전 정면과 측면이 각각 3칸씩이며 기둥마다 공포를 올린 주심포 양식의 건물이
다. (위)

명부전 내부 명부시왕상과 지장보살 후불탱화가 봉안된 명부전은 시왕전이라고도 한
다. (옆면)

치되어 있었으나, 이후 현 위치에 옮겨졌다.

맞배지붕에 잘 다듬은돌로 장대석 기단을 쌓고 기둥마다 공포를 올린 주심포 양식으로 정면과 측면 각각 3칸씩이다.

명부전은 명부시왕상을 봉안하였기 때문에 시왕전(十王殿)이라고도 하며 건물의 규모는 42.07평방미터이다.

나한전(응진전)

원래는 방등계단과 5층석탑의 동쪽에 자리잡고 있었는데, 1980년대 후반에 소실된 뒤 1995년에 대적광전 뒤쪽으로 새로 이전하여 건립하였다. 석가삼존불과 십육나한 그리고 수십 기의 수행 아라한상을 한 곳에 봉안하고 있다. 정면 3칸, 측면 2칸의 팔작지붕 건물로 안에는 석가

나한전 정면 3칸, 측면 2칸의 팔작지붕 건물로 1980년대 후반에 소실된 뒤 1995년에 대적광전 뒤쪽으로 새로 이전하여 건립하였다. (위)

나한전 내부 석가삼존불과 십육나한(위), 그리고 수십 기의 수행 아라한상(아래)을 한 곳에 봉안하고 있다. (옆면)

적멸보궁 옛 나한전 자리에 세워진 계단 예배각으로, 이곳에서는 유리벽을 통해 방등계단에 있는 사리탑을 경배하며 예불을 드린다.

여래를 본존으로 하는 문수·보현보살을 봉안하였다. 분합문짝을 꽃살 문양으로 치장하였지만 다른 고찰들의 정교하고 세심한 조각 수법을 따르지는 못한다.

적멸보궁

방등계단 옆의 옛 나한전 자리에 세워진 계단 예배각(禮拜閣)이다. 이곳은 유리벽을 통해 방등계단에 있는 사리탑을 경배하며 예불을 드리는 곳인데 정면 3칸, 측면 3칸의 정방형 평면으로 구성되었고 팔작

삼성각 적멸보궁과 나란히 자리하고 있는 삼성각은 정면 3칸, 측면 2칸의 작은 건물이다.

지붕 형식을 갖췄다. 불전 내부에는 따로 불단을 차려 불상을 봉안하지 않았는데 이러한 예는 통도사 대웅전에서도 찾아볼 수 있다.

삼성각

송대에서 방등계단과 5층석탑의 동쪽 대지에 적멸보궁과 나란히 자리하고 있으며 남쪽을 향하여 미륵전을 바라보고 있는 작은 건물이다. 정면 3칸, 측면 2칸으로 면적은 19.96평방미터이고 일반적인 삼성각 또는 칠성각의 형태를 취하고 있다.

금산사 방등계단 북서쪽에서 본 전경 방등계단과 5층석탑이 나란히 배치되었고, 남동쪽에 미륵전이 있으며, 동쪽의 팔작지붕 건물이 나한전이다.

송대향각

금산사 송대 지역의 노전 또는 지전(持殿)으로서 이곳의 불사를 관리하던 스님들이 머물던 요사채였던 듯한데 미륵전 동북쪽 언덕 위에 별도의 담장을 두르고 있다. 방등계단과 5층석탑이 있는 일단의 언덕에 나란히 배치되어 별원과 같이 꾸며져 있다. 20세기에는 역대의 금산사 큰스님이 거처하던 승료가 되었으며, 현 건물은 1914년에 건립된 것으로 전해진다.

평면은 정면 4칸, 측면 3칸으로 중앙의 2칸에 걸쳐 큰방을 이루었고 그 앞퇴에는 툇마루를 두었다. 큰방 양쪽의 남북칸에도 구들을 놓아 방을 꾸몄는데, 뒤툇간 부분에는 장마루를 깔고 장지문을 달아 벽장 등의 용도로 사용하였다.

근래에는 보수하여 산뜻한 모습이 되었는데, 조선 말에 건축된 다른 요사 건물들과 같이 간결하고 정초한 자태에다 고요하고 울울한 수림 속에 한적하게 자리하고 있어, 오랜 세월 고승들의 숨결이 깊숙이 배인 산사의 작은 승방과도 같다.

승당

중심곽의 동쪽, 미륵전 남쪽으로 일단의 요사군이 자리잡고 있다. 승당은 금산사를 관장하고 봉불과 의례를 행하는 승려들의 거주처로서 후원 요사의 중심 건물이다. 일반 요사와는 달리 공양하고 예법을 갖추는 대중방(큰방)이 있는 승려 전용 건물이다. 정면 7칸, 측면 3칸의 맞배지붕 건물로서 남쪽의 2칸은 덧달아 댄 부엌칸이다.

근년에 후원 요사 일곽을 전체적으로 개·보수하면서 건물 위치를 옮기고 집의 칸수와 기단, 장대석, 지붕 모양 등을 대폭 변형시켰고 새로운 목재를 사용하면서 건물 외양에 현대적 수법을 많이 가미해서 개조(改造)하였다. 또 당호(堂號)를 '적묵(寂默)'이라 고쳐 주지 스님을

승당(적묵당) 금산사를 관장하고 봉불과 의례를 행하는 승당은 승려들의 거주처로서 일반 요사와 달리 공양하고 예법을 갖추는 대중방(큰방)이 있는 승려 전용 건물이다.

비롯한 삼직 스님의 거주처로 삼았다.

중향각과 요사채

　미륵전 남쪽에서 약간 뒤쪽으로 옮겨진 것을 새로 개축하면서 집의 규모를 늘리고 대중방을 갖춘 설법전으로 개편한 것으로 옛 승당의 역할을 하는 후원의 중심 전각이다. 정면 7칸, 측면 5칸의 팔작지붕이며

보현당 2층의 요사 건물로 요사 내정에선 단층이나 외부에선 2층같이 보이는 지형을 살려 만든 것으로 후원 분위기에 생동감을 주고 있다.

큰 강당 또는 선방으로 활용하고 있다. 또 후원 요사 일곽의 남측 외곽에는 근년에 새로 정비된 반지하로 인해 2층이 된 요사 건물('보현당'이란 현판)이 있는데 아래층엔 식당과 부엌, 공양주방, 불목방 등이 있고 위층에는 대중 스님들과 객승, 사중 처사 등이 거처한다.

요사 내정에선 단층이나 외부에선 2층같이 보이는 지형을 살려서 만든 건물로 종래의 청정하고 안온하던 후원 분위기에 생동감을 주고 있다.

후원 요사 일곽에서 바라본 중심 도량 전각들 금산사의 가람 구조는 백제식 가람 배치법
이라고도 하는 직교형 배치와 미륵 신앙 지역과 화엄 신앙 지역으로 나누어 생각할 수 있
는 불전을 한데 수용한 배치 형태를 취하고 있다.

서전

대장전 오른쪽에 있는 소협문을 통과한 뒤 중심곽 가의 담장을 벗어나서 작은 계천(溪流)을 건너 올라서면 수림 속에 자리잡은 작은 암자 같은 당우(堂宇, 전당) 두어 동이 있다.

중심곽의 넓은 광장과 3.5미터 정도의 높이 차이를 갖는, 평탄하게 정지된 2단의 터전 위에 각각 동쪽을 향한 건물이 한 채씩 자리잡고 있는데, 이들을 상·하서전이라 부른다.

송림이 우거진 계곡을 끼고 있어 조용하고 엄숙한 분위기를 자아내는 까닭에 스님들만이 거처하며 참선하는 선방이다. 따라서 외부인은 출입이 금지되고 있다.

『금산사지』에 보면 "창건 연대는 자세히 알 수 없으나 정유재란 때도 상서전과 하서전이 있었다"고 밝히고 있으며 오랫동안 산내 말사로서 또는 속암으로 존속해 왔던 듯하다.

기타 암자

심원암

혜덕왕사비가 있는 부도전 위쪽에 자리한다. 인법당과 삼성각으로 이루어진 자그마한 암자로 인법당은 정면 6칸, 측면 3칸의 팔작지붕으로 되어 있다. 정면과 측면 각 2칸씩으로 이루어진 삼

서전 스님들만이 거처하며 참선하는 선방인 서전에는 중심곽의 넓은 광장과 3.5미터 정도의 높이 차이가 있는 2단의 터전 위에 각각 동쪽을 향한 건물이 한 채씩 자리잡고 있다. (위)

심원암 금산사의 동북편으로 약 1.5킬로미터 떨어진 모악산 기슭에 있는 산내 암자로 법당과 칠성각이 석축 위에 남향하여 세워져 있다. 북쪽 산기슭에는 보물 제29호로 지정된 3층석탑이 있다. (옆면)

성각은 현재 천장이 내려앉을 정도로 많이 퇴락한 상태이다. 암자의 북쪽 산기슭에는 보물 제29호로 지정된 심원암 북강 3층석탑이 있다.

청련암

석성문을 지나 동쪽으로 난 길을 따라 오르다 보면 극락전과 삼성각, 그리고 2동의 요사로 구성된 청련암을 만날 수 있다. 정면 6칸, 측면 4칸의 팔작지붕인 극락전 안에는 본존으로 아미타보살을, 관음보살과 대세지보살을 협시로 봉안하였다. 삼성각은 정면 4칸, 측면 1칸의 우진각지붕으로 되어 있다.

금산사의 유적과 유물

　금산사는 삼국시대에 창건한 이래 오늘날까지 법등을 밝혀온 유서 깊은 명찰이다. 또한 오랜 역사가 말해 주듯 수많은 유적과 유물을 남기고 있어 과거의 영광된 흔적을 곳곳에서 찾아볼 수 있다. 그 가운데에서도 미륵전 안의 장륙삼존불상은 미륵 도량 금산사의 상징적인 불상으로 명성이 높다. 그리고 금산사에 남겨진 석조 유물들도 고스란히 옛 자취를 간직하고 있어 오랜 세월 동안 금산사가 일구어 낸 불교 문화를 대변해 주고 있다.

　뿐만 아니라 절 안에 보전된 대부분의 중요 문화재는 석조 유물로 대부분이 국가문화재로 지정되어 보호를 받고 있으며, 우리나라의 석조 미술을 연구하는 데 귀중한 자료가 되고 있다.

　금산사의 석조 유물은 고려 전기에 혜덕왕사가 금산사를 중창한 이후에 조성된 것과 고려 후기에 원명대사가 다시 금산사를 중창하던 시기에 조성된 석조 유물들이 주류를 이룬다. 따라서 금산사의 주요 석조 유물들은 고려시대 석조 미술을 전기와 후기로 나누어 비교 연구하는 데 커다란 도움이 된다. 또한 석조 유물 가운데에는 금산사에서만 볼 수 있는 독특한 조형미를 간직한 것들이 다수 존재하므로 그 조형적 의

미와 제작 시기 등에 가치를 두고 더욱 자세하게 연구할 필요가 있다.

금산사는 통일신라 전성기에 진표율사에 의해 법상종의 종찰로 부상하였다. 그뒤 법상종 교단에서는 속리산에 법주사를 세웠고 고려시대에 들어서는 개경의 현화사와 안성의 칠장사, 원주의 법천사 등이 법상종의 가르침을 이어받아 교세를 드날리면서 오늘날까지 우수한 문화재를 남겨 놓았다. 특히 속리산 법주사는 금산사에 이어 법등을 밝힌 법상종 사찰로서 우수한 통일신라 석조 문화재를 다수 남기고 있다.

그러나 금산사에는 초창기의 유물과 진표율사가 활동했던 당시의 유물이 남아 있지 않아 삼국시대와 통일신라시대의 진면목을 살필 수 없음이 아쉬움으로 남는다. 또한 용맹 정진하여 금산사를 미륵 도량으로 일으켰으며, 가는 곳마다 중생을 교화하고 우수한 제자를 배출했던 진표율사가 왜 금산사를 떠나 금강산에서 일생을 마쳤는지 자못 궁금하다. 스승이 떠난 금산사는 어떠했을까? 혹시 진표율사가 떠난 금산사는 옛 자취마저 상실한 것은 아닐까?

그러나 고려시대에 들어 진표의 제자들은 그들의 성지가 되었던 금산사를 훌륭하게 일으켜 놓았다. 고려 왕조에서 최상의 대접을 받던 고승들이 스승의 법통을 받들면서 금산사에서 여러 차례 중창 불사를 단행하였던 것이다. 조선시대에도 임진왜란 이후 대대적인 불사를 일으켰으며, 그뒤에도 미륵 도량으로서의 면목을 끊임없이 계승하면서 오늘날까지 빼어난 문화 유산을 남겨 놓았다.

미륵장륙삼존불입상

금산사 경내에 들어서서 보제루를 지나 절 마당으로 들어가면 서편에 서 있는 거대한 3층 법당인 미륵전의 웅장한 모습과 마주하게 된다. 미륵전은 어마어마한 규모와 수준 높은 건축 기술을 보여 주는 조선 후기의 매우 귀중한 전통 건축물인 동시에 금산사를 대표하는 건축물이

미륵장륙삼존불 3층까지 모두 트인 내부를 꽉 채우듯 서 있는 거대한 이 삼존불상은 가운데의 본존미륵불상(11.8미터)을 중심으로 좌우에는 보살 입상(8.8미터)이 봉안되어 있다.

기도 하다. 그런데 이 미륵전은 바깥의 모습은 3층으로 되어 있으나 내부는 3층까지 모두 훤하게 트인 특수한 법당의 구조를 지니고 있으며, 법당 안을 꽉 채우듯 이곳 역시 거대한 삼존불상이 서 있어 온통 시선을 압도하고 있다.

옛 기록에 의하면 원래 이 건물은 통일신라시대 혜공왕 2년(766)에 처음 지어졌는데, 1597년 정유재란으로 불타 버리자 1627년에 다시 중건하였다고 한다. 법당 안의 미륵장륙삼존불입상도 이때 만들어 봉안하였는데, 불상의 신체를 흙으로 빚어 만든 다음 얼굴과 살갗에 금칠을 한 것으로 그 가운데 본존불상은 1934년 화재로 불에 타서 1938년에 당시의 조각가 김복진에 의해 다시 조성되었다. 가운데의 본존미륵불상을 중심으로 좌우에는 보살 입상이 봉안되어 있으며 보살상의 높이는 8.8미터이고 본존불상은 11.8미터나 된다. 이와 같은 거대한 불보살상을 장륙상이라 부르는데 원래 장륙상은 대체로 보통의 불상보다 훨씬 큰 규모인 1장 6척(열여섯 자, 약 480센티미터)의 거대한 불보살상을 줄여서 부르는 말이나 여기서는 실제로 1장 6척보다도 훨씬 규모가 크다. 이처럼 거대한 미륵전을 짓고 그 안에 엄청난 규모의 불상을 모셔 놓게 된 것은 금산사가 예부터 미륵 신앙의 중심 사찰로서 크게 활동해 왔기 때문이다.

가운데의 본존불상은 오른손을 들어 손바닥을 바깥으로 보이고 왼손은 손바닥을 위로 향한 채 앞으로 내밀면서 손가락을 약간 오므렸는데 이러한 양손의 모습은 삼국시대부터 전통적으로 서 있는 불상에 표현되어 온 시무외여원인(施無畏與願印)의 손 모양과 비슷하다. 얼굴은 원만하고 인자한 표정을 하고 있으며, 신체는 매우 거대한데 전체적으로 얼굴과 신체의 균형이 잘 잡혀 있다.

가슴은 당당하게 벌어져 있고 양 어깨에 걸친 법의(法衣)는 배를 드리우며 부드러운 옷주름을 표현하고 있으며, 양팔에 걸쳐 아래쪽으로

협시 보살상 신체에 비해 얼굴이 약간 큰 보살상은 머리 위에 화려한 보관을 쓰고 있다.

　드리운 옷주름이나 양다리를 감싸는 옷주름도 역시 부드럽다. 그리고 불상 전체에 나타난 옷주름의 표현 방식은 통일신라시대 불상의 옷주름과도 일맥 상통하고 있어 이 불상이 비록 20세기에 만들어졌지만 과거에 본존불상이 다시 만들어질 때마다 옛 전통의 조형 양식을 줄곧 이어받은 듯하다.

　본존불상 양옆의 협시 보살상들은 같은 모습을 하고 있으며 양손의 모습만 서로 반대로 하고 있다. 얼굴은 네모나고 살쪄 있으며, 신체에 비해 얼굴이 약간 큰 편이며, 머리 위에는 화려한 보관(寶冠)을 쓰고 있는데, 대체로 이러한 보관 형태와 얼굴 모습은 조선 후기의 불상에서 흔히 볼 수 있는 예이다. 목에는 달개 장식을 걸어 가슴에 드리웠는데 역시 조선 후기의 표현 양식이며, 양 어깨에 걸친 천의(天衣)는 팔을 돌아 배와 다리로 드리우면서 여러 겹의 U자 모양의 옷주름을 표현하였는데 전체적인 옷주름은 화려하고 장엄하다.

이 삼존불상에서의 보살상은 조선 후기 불상의 조형미를 여실히 보여 주고 있는 반면 본존불상은 비록 근대에 제작되었지만, 통일신라시대의 전통을 이어받은 조형 양식을 보여 준다. 그리고 이 보살상들은 제작 시기가 확실하여 귀중한 연구 자료가 되고 있으며, 또한 흙으로 빚은 보살상으로 우리나라에서 흔하지 않은 거대한 규모의 불교 조각이라는 점에서도 높이 평가받고 있다.

석종(보물 제26호)

미륵전의 오른편 위쪽에는 송대라 불리는 넓은 터가 있다. 이곳에는 2층의 넓은 석단이 마련되었고 그 위에는 종 모양의 사리탑이 봉안되어 있는데, 이 석조물 전체를 '금산사 석종'이라 부르고 있다. 이처럼 높은 터에 널따란 석단을 쌓고 한가운데에 사리탑을 모신 것으로 보아 금산사에서는 예부터 이곳을 상당히 성스러운 장소로 받들어 왔던 것 같다. 특히 이곳을 '방등계단'이라 하여 이곳에서 수계를 행하는 의식을 거행하였다고 한다.

2층 기단 모양으로 축조된 석단은 매우 넓다. 아랫단은 한 변이 약 12.5미터이고 높이는 0.8미터이며 윗단은 한 변이 8.5미터에 높이는 0.6미터이다. 그리고 석종 모양 탑신은 높이가 약 2.3미터이다. 이 사리탑 기단의 외곽에는 길쭉한 석재를 이어 붙여 사리탑의 경계를 두르고 그 안쪽으로 본격적으로 사리탑을 축조하였다.

축조 방식을 살펴보면 우선 지면 위에 지대석을 깔고 면석을 세워 벽체를 이루었으며, 면석 위로는 테를 두르듯 석재를 이어 붙여 아랫기단을 마감하였다. 이러한 축조 방식은 윗기단에서도 동일하게 적용되었는데 다만 아랫기단보다 폭이 좁을 뿐이다. 그리고 기단 면석에는 불상이나 신장상을 돋을새김으로 새겨 넣고 네 귀퉁이에는 사천왕상을 배치하였는데 이 조각들 중에는 나중에 보수한 것도 눈에 띈다. 또한 기단 주변에 돌기둥이 남아 있는 것으로 보아 원래 이 사리탑은 돌난간을 두르고 있었던 것으로 생각된다.

석단의 맨 위에는 한 장의 판돌을 깔아 탑신받침으로 삼았는데 이 받침 돌판의 네 귀에는 사자머리를 새겨 놓았으며, 돌판의 위 바닥 한가운데에는 연꽃잎을 둥그렇게 새겨 두르고 그 안쪽 테두리에 맞추어 탑신을 받치고 있다. 탑신은 날씬한 종 모양이며 아래쪽에는 꽃무늬를 장식한 띠를 새겼고 꼭대기에는 아홉 개의 용머리를 새겨 머리가 밖을 향하도록 하였다. 용머리 위로는 연꽃무늬를 장식한 앙화(仰花, 꽃받침)가 얹혀졌고 그 위로는 위아래가 납작한 공 모양의 복발을 놓고 맨 위에는 연꽃 봉오리 모양의 보주를 얹어 놓았다.

이러한 석종 모양의 사리탑과 석단을 마련한 석조물을 '금강계단(金剛戒壇)'이라고도 부르는데 이러한 계단 형식의 사리탑은 인도 불탑의 형식에 그 뿌리를 두고 있다. 우리나라에는 계단 형식의 사리탑이 통일신라시대부터 나타나고 있으나 고려시대에 들어와서야 비로소 형식이 완성된다. 그리고 조선 후기에는 간략한 형식의 석종형 승탑이 크게 유행하여 다양한 민예적인 분위기를 느끼게 된다.

그러나 현재 남아 있는 완전한 계단 형식의 사리탑은 극히 드물다. 그 가운데에서도 널찍하고 여유 있는 석단을 마련하고 멀리 한가운데에 탑신을 놓은 이 석종형 사리탑에서는 고요하고 아늑한 곳에서 부처

방등계단 위에 있는 석종 인도 불탑의 형식에 뿌리를 두고 있는 계단 형식의 이 석종형
사리탑은 고려시대에 들어 완성된 형식으로 벽면의 돋을새김 장식이나 탑신에 새겨진 용
머리 장식 등은 금산사 석종에서만 볼 수 있는 특징이다.

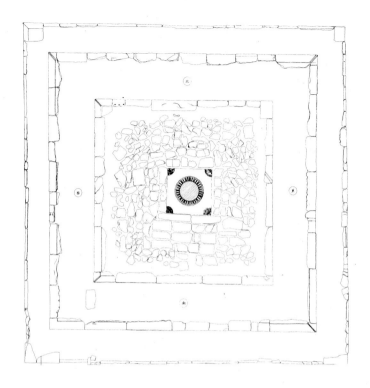

방등계단 평면도

님을 참배하는 분위기가 느껴진다. 여기에 돋을새김 조각으로 석단의
벽면 전체를 장식하고 탑신에도 용머리를 장식한 점과 기타 여러 군데
에서 보이는 새김 장식에 나타난 조형 등은 금산사 석종에서만 볼 수
있는 특징이라고 할 수 있다.

아마도 이러한 격조 높은 사리탑은 이미 '고려 전기에 축조되어 있었
으나, 고려 후기에 들어 고승 원명국사가 금산사에 머물면서 이 절을
대대적으로 개축하고 조선 후기에 들어 현재와 같은 모습으로 다시 한
번 단장한 듯하다.

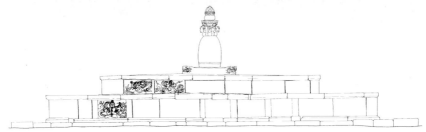

석종 받침 돌판의 네 귀에는 사자 머리를 새겨 놓았으며 돌판의 한가운데에는 연꽃잎을 둥그렇게 새겨 두르고 그 안쪽 테두리에 맞추어 탑신을 받도록 하고 있다.

5층석탑(보물 제25호)

금산사 석종의 남쪽 가까이에 있는데, 석종과 나란히 서 있어 마치 석종과 석탑이 어떤 관련이 있어 보인다. 석종과 석탑은 모두 내부에 부처님의 사리를 간직하고 있는 사리탑으로 이곳에는 탑이 둘이나 있는데, 서로 모양새가 다르고 형식이 전혀 다른 두 탑을 이와 같이 배치한 교리적 근거는 아직 확실하게 밝혀지지 않고 있다. 다만 이 터가 금산사에서 탑을 세울 만한 매우 신성한 구역으로 받아들여져 석종 앞에 석탑을 세움으로써 석종 사리탑을 더욱 신성하게 받들었던 것 같다.

이 석탑은 2층 기단 위에 5층의 탑신을 올려 놓은 제법 당당한 고려시대의 석탑으로 높이는 7.2미터나 된다. 기단은 2층으로 되어 있으며, 각 부분마다 여러 장의 석재를 짜맞추어 기단부를 구성하였는데 네 귀퉁이마다 두툼한 귀기둥이 새겨졌고 중간부에도 샛기둥이 하나씩 새겨져 있다.

그리고 위층 기단을 받치는 받침턱은 아랫기단의 덮개돌에 붙여 새기는 것이 일반적이나 여기서는 별도의 석재를 끼워 넣은 점이 특이하다. 또한 탑신부를 받치는 받침턱도 별개의 돌로 조성되어 있는데, 이 점은 윗기단의 덮개돌에서와 똑같은 괴임턱 조성 방식으로 되어 있다. 이와 같이 여러 장의 석재를 조립하거나 별도의 석재를 사용하는 것은 탑의 규모가 커서 한 장의 돌로 한 면을 이루기가 어렵기 때문인데, 특히 이러한 조립 방식은 백제와 통일신라 초기 석탑의 석재 구성에서 많이 쓰였으며 이것이 때로는 후대까지 영향을 미치기도 한다. 전체적으로 기단부는 듬직하게 조성되어 있으며 두터운 직각의 단면을 여러 곳에서 보이고 있어 묵직하고 안정된 느낌을 준다.

탑신부는 5층으로 되어 있다. 1층 탑신은 몸돌과 지붕돌이 별개의 돌로 조성되었는데 몸돌은 네 장의 판돌을 짜맞추고 지붕돌은 두 덩이의 돌로 이루어졌다. 또한 몸돌에는 두터운 귀기둥(우주)이 새겨졌고

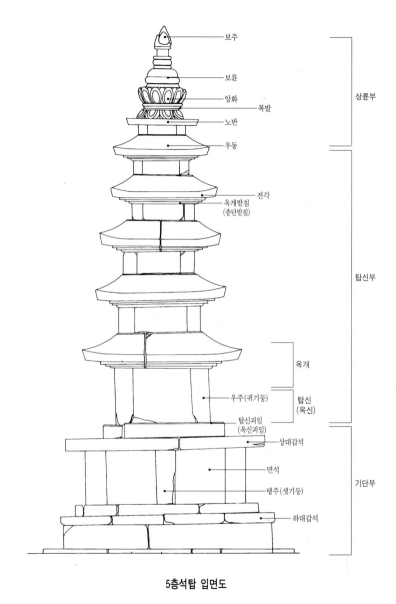

보주 ─

보륜 ─

앙화 ─
　　　└ 복발

노반 ─

우동 ─

전각
옥개받침
(층단받침)

옥개

우주(귀기둥) ─

탑신
(옥신)

탑신괴임
(옥신괴임)

상대갑석 ─

면석 ─

탱주(샛기둥) ─

하대갑석 ─

상륜부

탑신부

기단부

5층석탑 입면도

5층석탑 2층 기단 위에 5층의 탑신을 올려 놓은 이 석탑은 상륜부에서 보이는 이국적 스타일이나 석종 사리탑 앞에 탑자리를 마련한 것 등에서 고려 말기에 세워진 것으로 추정된다. (옆면)

넓은 지붕의 처마 밑에는 좁고 낮은 3단의 층단받침과 여백이 드러나 있으며 처마 끝은 곡선을 그리며 양 추녀 끝으로 솟아오르고 있다. 지붕 전체가 육중한 탑임에도 불구하고 지붕 위는 완만한 경사를 이루어 경쾌한 느낌을 준다. 2층 탑신부터는 몸체와 지붕이 한 돌씩 이루어졌으며, 각 부분의 모양새는 1층 탑신과 동일하다.

상륜부(相輪部)는 노반(露盤)으로부터·맨 끝의 보주(寶珠)에 이르기까지 완전하게 남아 있는데 전체적인 상륜부의 조형 양식이 매우 특이하다. 우선 노반을 보면 넓은 덮개돌을 얹어 마치 6층의 탑신이 얹혀 있는 듯 보이며 노반 위의 앙화와 복발, 보륜의 형태도 전통적인 석탑과 다른 면모를 보여 준다. 따라서 이 석탑은 고려 초기의 건장함을 보여 주면서도 지붕 및 상륜부의 표현에서는 후대의 양식이 드러나 있다.

혜덕왕사의 중창 이후 오랜 세월이 흐르는 동안 건물들은 낡아졌고 또한 여러 차례 몽고족이 침입한 이후 원나라의 지배를 받을 즈음에는 절 살림도 매우 어려운 지경에 이르렀다고 생각되는데 이때 원나라에서는 금산사 출신의 원명대사가 크게 이름을 떨치고 있었다. 이에 충숙왕이 원나라 황제에게 원명대사의 귀국을 요청하여 1328년 금산사에 돌아온 대사는 법회를 크게 열고 중창 사업을 벌였다고 한다. 아마도 금산사 5층석탑은 바로 원명대사의 귀국 후에 개축된 것으로 추정되는데 특히 상륜부에 보이는 새로운 스타일이나 금산사에서 으뜸가는 성스러운 처소인 석종 사리탑 앞에 탑자리를 마련한 것 등에서도 이 석탑이 고려 말기에 세워졌음을 보여 준다.

석련대(보물 제23호)

이 석련대는 대적광전의 석축 아래 오른쪽에 있다. 석련대란 '석조 연화 대좌'의 줄임말로 돌로 깎은 연꽃잎 장식의 불상 대좌라는 의미이다. 이 석조 불상 대좌는 한눈에 보기에도 기품이 당당해 보이며 장식이 화려하다. 규모도 대단하여 대좌의 높이는 1.6미터나 되며 대좌의 둘레는 무려 10미터나 된다. 따라서 이 대좌 위에 있던 불상 또한 상당한 규모의 불상이었을 것으로 짐작된다.

이 불상 대좌가 처음부터 이 자리에 있었는지는 알 길이 없다. 다만 이 대좌 위에는 분명 불상이 모셔져 있었을 것이고 그 불상은 법당 안에 봉안되어 있었을 것이므로 원래 이 불상 대좌가 있던 자리는 법당 내부가 되는 셈이다. 그렇다면 현재 이 석련대가 대적광전의 앞뜰에 있는 것으로 보아 원래 석련대가 있던 자리에는 법당이 세워져 있었다고 볼 수 있다.

이 석련대를 바라보면 그 커다란 규모에도 불구하고 단 하나의 돌덩어리를 깎아서 만들어진 것에 대해 놀라움을 금할 수 없다. 뿐만 아니라 육중한 돌덩어리를 우아한 연꽃의 자태를 간직한 불상 대좌로 변형시킨 뛰어난 조형 감각에 다시 한 번 감탄하지 않을 수 없다.

이 석련대의 구도는 매우 안정감이 있다. 이것은 대좌 전체가 당당하고 안정된 균형의 기초를 이루도록 하단부를 매우 넓게 잡았기 때문이다. 그러나 널찍한 하단부에 비해 중단부는 짤막하고 폭이 좁아 대조적인 효과를 얻었다. 그리고 다시 두툼하고 육중한 몸짓을 강조한 상단부에 이르면 또다시 조형 분위기가 반전된다. 다시 말해서 하단부에서는 듬직한 여유를 부렸고, 상단부에서는 묵직한 힘의 강세를 실었으며, 잘록한 중단부는 짤막하게 처리하여 상하의 교차에 변화를 주면서도 안정감을 꾀했다.

또한 대좌의 상·중·하단의 평면 구도에도 변화를 주었고 대좌 전체에도 여러 가지 무늬를 장식하여 자칫 거대한 석조 대좌에서 느낄 수 있는 싫증을 말끔히 해소하고 있다. 대좌의 하단부는 10각을 이루며 각 면에는 상서로운 꽃무늬를 새겼는데, 그 가운데 두 면은 사자상이 따로 새겨져 있다. 또한 하단부의 윗면에는 연꽃잎이 넓게 덮여 있

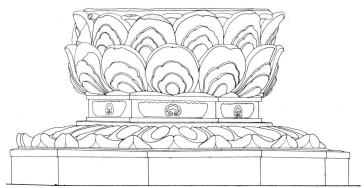

석련대 육중한 돌덩어리를 깎아 우아한 연꽃의 자태를 간직한 불상 대좌로 만든 보물 제 23호인 이 석련대의 대좌 위에는 불상이 있었던 흔적이 남아 있다.

다. 그런데 하단부 옆면에 새겨진 사자상은 한 면의 간격을 두고 양면에서만 마주보도록 배치되어 있어 이곳이 대좌의 정면임을 나타내고 있다. 또한 이는 대좌 위에 불상을 세우기 위해 판 한 쌍의 고정홈 방향과도 일치하는데, 현재 이 석조 대좌는 서남향으로 놓여졌고, 이 대좌를 포함한 원래의 불상과 법당 또한 처음부터 서남쪽을 향하고 있었음을 알 수 있다.

중단부의 6각으로 변형된 각 면에는 납작한 안상이 하나씩 배치되어 있고 그 안에는 꽃솟음무늬가 장식되어 있다. 또 상단부에 이르러서는 위아래 두 겹으로 연꽃잎무늬를 둥그렇게 둘러 상단부 전체가 커다란 연꽃 모양을 이루고 있는데, 여기서는 평면을 원형으로 처리하였다. 이와 같이 각 부위마다 평면 구성과 장식 무늬를 바꾸면서 하나의 불상 대좌를 연꽃으로 나타낸 이 석련대는 안정감에서 드러나는 듬직함과 격조 있는 조형과 지루하지 않은 구성미가 한데 어우러져 있다. 또한 이 석련대의 맨 위에는 네모난 구멍이 두 곳이나 뚫려 있어 이 대좌 위에는 적어도 장륙상의 규모를 지닌 거대한 불상이 서 있었을 것으로 추정된다.

이러한 석조 대좌의 조형 감각은 통일신라시대의 석조 대좌에서 보이는 미적 감각과는 다른 점들이 있다. 그 가운데에서도 특히 유별난 점은 다소 과장된 비례에 의한 구성이다. 예를 들어 대좌의 하단부가 비정상적으로 넓다든가 상단부가 필요 이상으로 묵직하다든가 하는 점이다.

그리고 하단부를 10각으로, 중단부를 6각으로 설계한 점은 매우 이례적인 구성이다. 통상 불교에서 '10'이란 숫자는 완전수로 화엄경에서의 여러 절목이 열 가지의 가르침으로 나열됨을 볼 수 있다. 또 '6'이란 숫자는 선종 불교에서 제1조 달마대사로부터의 선풍을 계승하여 남종 선을 크게 일으킨 제6조 혜능(慧能) 선사까지의 법계를 상징적인 숫자로 표기한 것이기도 하다. 우리나라에서는 고려 이후로 6각의 석탑이나 석등이 조성되었는데, 금산사 경내에 또 다른 6각다층석탑이 존재하는 것으로 보아 6각 평면에 남다른 의미를 두었던 것 같다.

후삼국을 통일한 고려 왕조는 곧 기틀을 굳건히 다지면서 의욕에 찬 조형 활동을 전개하였는데 대체로 고려 초기 및 전기의 석조 미술에서는 이와 같이 다소 과장된 점은 있지만 새로운 구성을 시도하면서 매우 당당하고 기운에 찬 거구의 석조물을 등장시키고 있다. 이러한 경향은 고려시대에 들어 거구의 석불상이 조성되는 현상과도 일치한다.

고려 초기 고승 혜덕왕사는 오랫동안 개경에서 활동하면서 승려로서는 가장 높은 지위인 승통의 자리에 올랐는데 승통에 오르기 4년 전인 1079년부터 금산사에 머물면서 대대적인 중창 사업을 벌였다. 따라서 당시에도 의욕에 찬 조형 활동이 이루어졌을 터인데 이 석련대도 그 당시에 제작되었을 것으로 추정된다. 여기에 대좌 중단부에 보이는 안상의 표현에서도 11세기 조형의 특징이 잘 나타나 있으며 대좌의 전체적인 모습에서도 통일신라시대의 석조 대좌와 다른 고려시대 특유의 형태를 지니고 있어 이 석련대가 고려 전기의 작품임을 짐작케 한다. 그러나 한편으로는 이 석련대를 고려 초기인 10세기 후반에 제작된 것으로 보는 견해도 있다.

6각다층석탑(보물 제27호)

이 석탑은 대적광전 앞뜰에 서 있다. 원래는 금산사의 봉천원 구역에 있었던 것을 이곳으로 옮겨온 것인데 기단의 일부와 탑신부 대부분의 몸돌이 없어졌고 현재는 탑신 상층부 두 층에만 몸돌과 지붕돌이 남아 있다. 이 탑의 현재 높이는 약 2.2미터이다.

이 석탑은 우리나라에 드물게 남아 있는 6각탑이다. 일반적으로 다각탑은 8각탑이 대부분이며 그것도 한강 이북 지역에 많이 분포하고 개성과 평양 지역이 중심을 이루며 대부분의 다각탑은 고려시대 것이다. 이러한 점에서 볼 때 한강 이남에서도 멀리 떨어진 호남 지방의 금산사에 그것도 매우 희귀한 6각형의 다각탑이 남아 있는 점은 상당히 주목할 만하다. 뿐만 아니라 이 석탑은 재료에 있어서도 일반적인 화강암을 사용하지 않고 흑색의 점판암을 사용한 점도 이례적이라고 할 수 있다.

탑의 기단부는 6각으로 된 화강암 석재를 3단으로 포개었는데 여기에는 사자가 새겨져 있다. 초창기에는 사자가 탑 주변에 단독으로 조각되어 탑을 호위하기도 하고 상층 기단의 기둥으로 새겨져서 탑신부를 받들기도 하였는데, 나중에는 이 탑에서처럼 사자가 기단면에 부조로 새겨지기도 한다. 3단의 기단 석재 위로는 다시 두 장의 점판암 석재로 탑신받침을 얹었다. 이 부분은 아랫판에 연꽃잎무늬를 덮어 두르고 윗판에는 연꽃잎무늬를 받쳐 둘렀는데 그 사이에는 면석을 끼운 흔적이 남아 있어 이 부분의 원래 모습은 불상 대좌와 같은 형태를 이루면서 실질적으로는 기단부의 역할을 하였던 것으로 추정된다.

그런데 이와 같이 기단부를 연꽃 대좌 형식으로 만든 까닭은 그 위에 얹혀지는 탑신부를 부처님의 신체로 받아들였기 때문이다. 탑이란 원래 내부로 드나들 수 있는 공간을 가진 건축물이었다. 그러나 석탑은 세월이 흐름에 따라 규모가 작아지고 건축물로서의 기능을 점차 상실하여 갔으며, 탑신부는 불사리를 봉안한 건축물이란 의미가 희미해져 나중에는 오히려 아담하게 축소된 탑신 자체가 바로 부처님이란 의미를 두게 되었다. 그리하여 탑신부가 불상과 똑같은 의미를 지니게 되자 탑신을 받는 기단은 자연스레 불상 대좌의 의미를 지니게 되었고 나아가 탑의 기단이 아예 불상 대좌인 연꽃 대좌 모양으로 만들어지게 되었다. 금산사의 6각다층석탑은 바로 이러한 불상 대좌를 염두에 두고 기단을 설정한 것이다.

0 0.1 0.2 0.3 0.4M

6각다층석탑 정면도

6각다층석탑 점판암을 주된 재료로 사용한 이 탑은 기단부 위에 얹혀지는 탑신부를 부처님의 신체로 여겨 기단부를 연꽃 대좌 형식으로 만들었다. (옆면)

탑신부는 현재 11층으로 되어 있으며, 대부분 몸돌은 없고 오직 10층과 11층만이 몸돌을 간직하고 있다. 원래는 더 많은 탑신이 있었을지도 모르며 각층마다 몸돌이 있던 원래의 모습을 상상한다면 이 석탑의 규모는 지금보다 훨씬 높았을 것으로 추정된다.

대부분의 지붕돌은 몸돌 없이 포개져 있으며, 각층은 하나의 돌로 이루어졌고, 두께는 얄팍하다. 처마 밑에는 얕은 4단의 층단받침을 내었는데 먼저 처마 깊숙이 2단을 내고 여백을 두었다가 처마 끝 가까이에서 다시 2단을 내었다. 여백에는 용과 풀꽃 등이 새겨져 있다. 처마 끝선은 하단이 수평을 이루고 상단은 추녀 끝에서 귀솟음이 일어나고 있으며 지붕 위의 경사는 완만한 편이어서 전체적인 지붕의 모습은 평활한 느낌을 주면서도 추녀 끝은 강조되어 있다.

맨 위 두 층에 남아 있는 몸돌은 각층마다 하나의 돌로 조성되었으며, 높이가 낮아 납작한 편이다. 각 면에는 귀기둥을 새기고 기둥 옆에는 덧선을 새겨 사실 기둥 새김이라기보다는 오히려 각 면의 양변장식으로 보는 것이 타당하다. 이러한 장식 기법은 고려 후기에 축대 끝의 양변장식에서 자주 사용된다. 또 각 면에는 직사각형의 곽을 새긴 다음 그 안에 동그란 광배를 배경으로 앉아 있는 불상을 선새김법으로 표현하였는데 이 불상도 고려 후기의 양식으로 추정된다. 맨 꼭대기에는 연꽃에 싸인 보주 모양을 화강석으로 만들어 상륜부 대신 얹어 놓았는데, 이는 훗날 보완된 것으로 보인다.

이 석탑은 점판암으로 인해 탑에서 푸른빛이 난다고 하여 흔히 '청석탑'이라고도 부른다. 그러나 청석탑들은 재질이 약해서 완전한 형태를 보존해 온 탑이 드물다. 그리고 청석탑이라 하더라도 기단부에는 반드시 화강암을 사용하였는데, 점판암의 연약한 재질로는 탑의 무게를 떠받치기가 힘들었기 때문이다. 이 석탑이 완전한 형태로 보존되었다면 훤칠하고 날씬한 조형미를 보여 주었을 것이다.

이 석탑은 평면이 다각형이고 탑신의 층수가 많다. 기단이 좁고 탑신이 날씬하여 하늘로 치솟는 듯한 느낌을 주는데 이러한 점들은 주로 고려시대의 탑에서만 나타나는 새로운 조형적 특징이라고 할 수 있다. 아울러 탑신부의 몸돌에 남아 있는 양변의 겹선새김 장식이나 그 안에 선각으로 새겨진 불상의 모습 등은 이 탑이 고려 후반기의 양식임을 암시하고 있다. 실제로 고려 말기에 들어 금산사 출신의 고승 원명대사가 중국 원나라에서 활동하다 1328년에 귀국하여 금산사에 머물면서 중창하였으므로 이 석탑도 당시에 조성되었을 가능성이 크다.

노주(보물 제22호)

대적광전 왼쪽의 석축 앞에 서 있는 이 노주는 높이가 2.3미터인데 어떠한 기능을 위해 만들어진 것인지 불확실하다. 노주란 '드러낸 기둥'이란 뜻인데 석조 대좌 위에 보주형 장식을 한 돌기둥이 안치되어 있기 때문에 단순히 '금산사 노주'란 이름이 생겼으며, 이러한 석조물은 금산사에서만 볼 수 있는 유일한 예이다.

이 노주의 받침부는 하대석, 중대석, 상대석 등 세 부분으로 구성되어 있다. 우선 땅 위에는 한 돌로 네모진 바닥돌을 마련하였는데 1단의 턱을 두었다. 그 위로 밑받침인 하대석과 중간받침인 중대석, 그리고 윗받침인 상대석을 차례로 놓았는데 각각 하나씩의 돌로 되어 있다. 하대석 옆면에는 각 면마다 두 개씩 면을 가르고 그 안에 각각 안상을 배치하였는데, 안상 안에는 꽃솟음무늬가 있다. 그리고 하대석 윗면에는 연꽃잎무늬가 둘러져 있다. 그런데 각 면에 양변, 안상, 연꽃잎 등과 같은 장식에 선을 새길 적에는 두줄새김을 하는 것이 특징이다.

중대석은 약간 길쭉하고 상대석은 밑부분에 길쭉한 받침 연꽃무늬를 둘렀는데 중대석 양변과 상대석 연꽃잎의 선새김 역시 두줄새김이다.

노주 석조 대좌의 생김새, 두줄새김 기법의 사용, 그리고 안상, 연꽃의 표현 방식 등에서 고려 전기의 조형 양식을 보이고 있는 이 석조물은 원래 다른 석조물의 장식 부재였던 것으로 추정된다.

상대석의 윗면에는 1단의 괴임턱을 마련하고 그 위로 이른바 노주를 받치고 있는데 노주의 형태는 허리가 잘록한 둥근 장식 기둥 모양이다. 받침은 두툼하며 중간부는 좁고 짤막한 기둥 모습을 하였는데 여기에 중간띠 장식이 있고 윗부분은 커다란 연꽃 봉오리 모양의 보주 형태로 되어 있는데 보주는 다소 과장되어 보인다.

이 노주는 원래 다른 석조물의 꼭대기(상륜부) 장식 부재였던 것으로도 볼 수 있다. 금산사 경내의 석조물은 물론 고려시대의 석조물에서도 비슷한 장식의 상륜 부재를 볼 수 있다. 따라서 노주만 없다면 이 석조 대좌 역시 불상 대좌나 석등의 받침 등으로 볼 수 있다. 다만 몸체를 잃어버린 노주와 몸통을 상실한 석조 대좌가 그럴싸하게 맞추어져 이와 같은 석조물이 되었을 가능성도 있다.

어쨌든 이 석조물은 석조 대좌의 생김새, 두줄새김 기법의 사용 그리고 안상, 연꽃의 표현 방식 등에서 고려 전기의 조형 양식을 보이고 있으므로 역시 혜덕왕사가 금산사 중창 사업을 벌이던 1083년경에 조성된 것으로 추정된다.

석등(보물 제828호)

대장전 앞에 서 있는 이 석등은 높이가 3.9미터나 되는 비교적 규모가 큰 석등으로 거의 완전한 상태로 오늘날까지 남아 있다.

석등은 단독으로 세워지는 예가 거의 없다. 반드시 불탑이나 승탑 또는 석불상이나 법당 등과 상대하여 세워지게 되는데 이때에는 석등과 짝을 이루는 대상과 균형을 이루도록 크기를 정하게 된다. 이를테면 석등 앞에 있는 법당이 거대한 건물이면 석등도 대규모로 세워진다는 것인데 이 석등을 앞세운 금산사의 원래 건물 또한 석등과 조화를 이루는 규모였음을 짐작할 수 있다.

이 석등은 우선 지면 위에 네모진 바닥돌을 덮고 그 위로 둥그렇게

1단의 턱을 돋운 다음 석등받침을 올려 놓았다. 석등받침은 밑받침과 기둥돌 그리고 윗받침으로 구분된다. 밑받침은 연꽃잎으로 덮어 두르고 그 위로 8각의 기둥돌을 세웠는데 기둥돌은 약간 짧으며 밑이 넓고 위가 점차로 좁아졌으며 귀퉁이에는 선새김으로 기둥을 새겨 넣었다. 윗받침에는 연꽃잎을 받쳐 둘렀는데 꽃잎의 모양은 옆이 직선적이고 위가 뭉툭하다. 대체로 이 석등의 받침부에 새겨진 연꽃잎무늬들은 소박하며 세련된 맛은 미흡한 편이다. 윗받침의 맨 윗부분에는 1단의 괴임턱을 내고 그 위로 불발기집을 얹어 놓았다.

불발기집은 8각형으로 각 면에는 교대로 긴 네모꼴의 불빛창을 내었으며 불빛창 주위에는 창틀과 창을 달았던 못자국이 남아 있다. 지붕돌은 8각으로 밑면은 평평하나 처마 끝선이 곡선을 이루며 좌우로 솟아 있고 지붕 위의 경사는 적절하며 우동마루가 표현되었다. 그리고 각 귀마다 귀꽃이 장식되었는데 아담한 조형미를 간직하고 있다. 지붕 위에는 상륜부가 남아 있는데 우선 반구형(半球形)의 복발을 덮어 밑받침을 삼고 그 위로 돌기둥을 올려 중간에 보륜 한 개를 표현하였으며 맨 윗부분은 불꽃에 싸인 보주형으로 표현하였는데 형식화되고 과장된 느낌이 든다.

이 석등은 전통적인 일반형 석등의 형식을 준수하였다. 그런데 석등의 기둥돌이 짧고, 연꽃무늬가 질박하며, 지붕 처마선이 곡선적이고, 상륜부가 과장된 점 등에서 고려 전기에 유행한 석등의 조형적 특징을 엿볼 수 있다. 따라서 1083년 혜덕왕사가 금산사를 중창할 때를 즈음하여 이 석등이 완성된 듯하다.

당간지주(보물 제28호)

금산사 입구에 서 있는 이 당간지주는 절 앞에 큰 기둥을 세워 깃대를 삼고 그 꼭대기에 깃발을 달기 위한 시설물이다. 그 깃발을 '당

석등 이 석조물은 기둥돌이 짧고, 연꽃무늬가 질박하며, 지붕 처마선이 곡선적이고, 상륜부가 과장된 점 등에서 고려 전기에 유행하던 석등의 특징을 지니고 있다.

(幢)'이라 하고 깃대를 '당간(幢竿)'이라 하며 깃대가 고정되도록 양쪽에서 버티어 주는 두 개의 돌기둥을 '당간지주(幢竿支柱)'라 한다.

이 당간지주는 높이 3.55미터로 금산사에 남아 있는 가장 오래된 석조물이며 비록 당간은 없어졌으나 지금까지도 완벽한 구조를 남기고 있다. 기단부는 긴 네모꼴로 바닥돌을 한 켜 덮고 그 위로 받침돌을 놓았는데, 이 받침돌 역시 긴 네모꼴로 두 개의 돌을 붙여서 이루었다. 받침돌의 각 면에는 두 개씩 네모진 곽을 내고 그 안에 안상을 하나씩 배치하였으며, 윗면 중심부에는 긴 네모꼴의 괴임턱을 낮게 돋우어 서로 마주 서 있는 두 개의 지주를 받고 있다. 두 지주 사이에는 둥그런 깃대받침 자리가 마련되었다.

두 지주는 삼면의 테를 돋우어 깎았고, 양 바깥 면은 중간부를 따라 세로로 길게 띠모양을 도두새겼으며, 꼭대기는 바깥쪽을 둥그렇게 깎은 다음 한 번 굴곡을 주어 우아한 모습으로 표현되었다. 그리고 지주의 안쪽 면에는 깃대를 고정시키는 홈과 구멍이 모두 세 곳에 나 있다. 맨 위에는 네모진 홈, 가운데에는 네모진 구멍 그리고 밑에는 둥그런 구멍을 내었는데, 이러한 홈과 구멍은 깃대가 움직이지 않도록 고정쇠를 걸었던 자리(흔적)이다.

전체적으로 이 당간지주는 탄탄하고 단정한 자세에 간결하고 깔끔한 장식과 야무진 돌다듬새가 돋보여 매우 기품 있는 자태를 보여 주고 있다. 원래 균정된 조형미를 갖춘 당간지주는 통일신라 하대인 9세기 이후에 비로소 완성되는데 이 당간지주는 금산사에 남아 있는 유적과 유물 중에서 가장 오래된 것이라고 할 수 있으며, 법상종의 종찰로서 금산사가 크게 부각되던 고려 전기에 세워진 것으로 추정된다.

혜덕왕사진응탑비(보물 제24호)

이 비는 고려시대에 들어 금산사를 크게 중창한 고승 혜덕왕사의 업

당간지주 탄탄하고 단정한 자세에 간결하고 깔끔한 장식과 야무진 돌다듬새가 돋보이는 이 당간지주는 금산사에 남아 있는 유적과 유물 중에서 가장 오래된 것이다.

적을 기록한 것으로 1111년에 세워졌다. 이 비석은 원래 혜덕왕사의 사리탑과 짝을 지어 세워졌으며 사리탑의 이름을 붙여 '진응탑비'라 불리운다. 그러나 지금은 이 비석만이 홀로 전하여지고 있으며 아쉽게도 머릿돌은 없어졌다. 또한 빗돌만의 높이가 2.8미터나 되는 이 비석은 규모가 매우 크다. 게다가 돌거북의 모습이 특이하면서도 조형미가 돋보여 상당히 공을 들인 비석임을 한눈에 알아볼 수 있다.

거북돌은 바닥돌과 돌거북을 한 덩이의 돌에 새겼으며, 바닥돌의 4면에는 물결무늬를 장식하였고 돌거북은 납작하게 엎드린 채로 전진하는 모습을 취하고 있다. 거북의 목은 짧고 머리는 용머리 모양을 하였으며 약간 위로 쳐든 얼굴에는 부릅뜬 눈동자와 굵은 눈썹, 커다랗게 솟은 코, 야무지게 다문 입, 뻗어내린 날카로운 이빨, 넓적하게 뺨을 덮은 아귀 지느러미 그리고 턱 밑으로 자라난 강인한 수염 등이 강조되어 매우 특이하면서도 용맹스런 기상이 돋보인다.

가슴 밑에는 뱃가죽무늬가 있고 몸에는 비늘무늬를 새겼으며, 등가죽은 다리의 움직임에 따라 굴곡이 져 생동감이 있다. 또 등가죽 표면의 6각형에는 가죽무늬가 두 겹으로 새겨져 있고 각 무늬 안에는 다시 꽃무늬를 하나씩 장식하였으며 등가죽 전체의 테두리에는 구슬띠무늬를 두르고 있어 이 돌거북 전체가 매우 장식적이고 화려한 무늬로 꾸며져 있음을 알 수 있다. 등가죽 중심에는 빗돌을 꽂는 자리가 마련되었고 이 빗돌 자리의 바깥은 연꽃잎무늬로 덮여 있으며 안쪽은 홈을 파서 빗돌이 꽂히도록 하였다.

빗돌은 대리석이며 테두리에는 당초무늬가 장식되어 있다. 그런데 이 빗돌은 크게 손상을 입었으며 글자가 갈려 나가 글 전체를 읽어내기가 어렵다. 이 비석의 제목은 '증시혜덕왕사진응지탑(贈謚慧德王師眞應之塔)'이며 비문에는 왕사의 생애와 업적 그리고 왕사를 칭송하는 내용이 새겨져 있는데 이 글을 지은 사람과 글을 쓴 사람은 빗돌의 파

혜덕왕사진응탑비 바닥돌과 돌거북을 한 덩이의 돌에 새긴 조형미가 돋보이는 이 비의
빗돌은 크게 손상을 입어 글 전체를 읽기가 어렵다.

손으로 알 수가 없다. 또 이 비석에 새겨진 글씨는 구양순(歐陽詢) 체의 해서(楷書)를 발전시킨 활달한 필치로 이루어졌으며, 곧은 힘이 실려 있어 고려시대의 세련된 글씨체를 음미해 볼 수 있다.

이 비석의 조형은 강원도 원주 법천사 터에 남아 있는 지광국사현묘탑비와 개성 현화사 터에 있는 현화사사적비 등의 거북돌과 비슷함을 알 수 있다. 그런데 개성의 현화사와 원주의 법천사는 금산사와 더불어 고려시대의 유명한 법상종 사찰이므로 같은 교단의 사찰에 세워진 비석의 형태가 서로 닮게 되는 것은 어쩌면 당연한 일이라고 하겠는데, 이 세 비석은 일반적인 거북돌과 구분되는 특이한 형상과 화려한 장식으로도 유명하다.

심원암 북강 3층석탑(보물 제29호)

금산사의 부속 암자인 심원암의 북편에 서 있는 높이 4.5미터인 이 석탑은 2층 기단 위에 3층 탑신이 세워졌고 상륜부에는 노반만이 남아 있다. 원래 이곳에는 '취령암'이란 암자가 있었다고 하는데, 지금도 탑 아래쪽의 좁은 터에는 축대가 남아 있고 주변에서는 기와 조각과 도자기 조각들이 발견되고 있어 옛 자취를 찾을 수 있다.

기단부의 아랫기단은 여러 개의 긴 돌판을 덮어 바닥돌을 삼고 그 위로 댓돌과 면석 그리고 덮개돌을 차례로 얹었는데 각 면에는 귀기둥과 샛기둥 하나씩을 새겨 넣었다. 윗기단은 약간 길쭉한 편이며 그 위의 덮개돌은 비교적 폭이 넓다. 면석에는 아랫기단과 똑같은 수의 기둥을 새겨 넣었다. 이러한 기단부의 조형 양식은 통일신라 석탑의 양식을 이어받았으나 각 부분의 구성 비율은 통일신라 석탑과 구별되는 차이를 보여 준다.

1층의 탑신부는 몸돌이 네 장의 판돌로 조립되었고 그 이상의 지붕돌과 몸돌은 각각 하나씩의 돌로 짜여져 있는데 각층의 몸돌에는 귀기

심원암 북강 3층석탑 이 석탑의 지붕은 금산사 5층석탑과 닮은꼴인 데다 층단받침이 한 단 더 새겨져 있어 5층석탑보다 먼저 세워졌으며, 영향을 준 것으로 추정된다.

명부전의 지장보살화 비단 위에 채색을 가한 작품으로 18세기의 원만하고 양감 있는 인물 표현을 그대로 이어받고 있다. 사진:성보문화재연구원

등이 표현되었다. 지붕돌의 처마에는 각층마다 좁고 낮은 층단받침이 4단씩 나 있으며 그 외곽으로 처마 끝까지 약간의 여백을 두어 지붕은 넓어 보인다. 처마 끝선은 곡선으로 처리되어 추녀 끝이 솟아 있으며 지붕 위는 경사가 급한 편이다. 대체로 이와 같은 지붕의 형태는 고려시대의 석탑에서 나타나는 일반적인 특징이기도 하다. 지붕의 추녀에는 풍탁(풍경)을 달았던 구멍 자국이 남아 있고 상륜부에는 노반만이 있을 뿐 나머지 부재는 없다.

이 석탑은 각 부분의 구성에서 다소 변칙된 질서를 보여 준다. 또한 전체적인 구도에 있어서는 기단의 폭이 좁고 탑신은 길쭉하며 지붕의 처마 끝은 곡선으로 처리되어 비록 통일신라 석탑의 형식을 이어받았지만 제작 시기는 고려 중엽 이후로 추정된다. 그리고 이 석탑의 지붕 모습은 금산사 경내의 5층석탑과 거의 닮은꼴인 데다 층단받침이 한 단 더 새겨져 있어 금산사 5층석탑보다 먼저 세워졌으며, 훗날 금산사의 5층석탑 조형에 영향을 준 것으로 추정된다.

기타

불화

금산사의 대표적인 불화로는 미륵전의 벽화와 명부전에 남아 있는 지장보살화를 들 수 있다.

미륵전의 벽화는 내부 공포 벽의 여러 면에 그려진 도승도(道僧圖)와 화조도(花鳥圖), 외부의 벽체에 그려진 사천왕도(四天王圖)와 백의관음보살도(白衣觀音菩薩圖) 그리고 가운데 칸 빗반자에 그려진 운룡도(雲龍圖) 등이 남아 있는데 특히 사천왕도, 백의관음보살도, 운룡도 등은 비록 조선 후기의 작풍이나 빼어난 솜씨와 기량을 발휘하고 있다.

부도전 금산사에서 심원암 가는 길목에 위치한 이 부도전 안에는 혜덕왕사진응탑비와 고려 후기의 중창주인 원명대사비 등 2기의 석비와 12기의 승탑(부도)이 안치되어 있다.

이 밖에도 기둥머리 및 창방(대청 위 장여 밑에 대는 넓적한 도리) 등지에는 단청무늬가 남아 있다.

그리고 명부전의 본존에는 지장보살 후불탱화로 지장보살화가 그려져 있는데, 이 그림은 비단 위에 채색을 가한 작품으로 1861년에 제작된 것이다. 또 이 지장보살화는 선암사, 태안사, 화엄사, 쌍계사 등 전라도 지방의 사찰에 봉안된 지장보살화들과 동일한 양식을 지니고 있으며, 동일한 화원에 의해 제작된 것으로 밝혀졌는데 18세기의 원만하고 양감 있는 인물 표현을 그대로 이어받고 있으며 특히 사천왕과 보살의 표현에서 화려한 장식을 나타내는 등 우수한 기량을 발휘하고 있다.

부도전

금산사 왼편으로 심원암 가는 길목에는 옛 봉천원 터가 있고 이곳에 부도전이 자리잡고 있는데 부도전 안에는 혜덕왕사진응탑비와 고려 후기의 중창주인 원명대사비 등 2기의 석비와 12기의 승탑(부도)이 안치되어 있다. 또한 이 승탑들은 고려시대 이후 금산사를 거쳐간 고승들의 묘탑으로 대부분 조선 후기의 승탑이 주류를 이루며 최근에 들어 진표율사의 승탑을 세워 놓았는데, 이 승탑은 선암사 소요대사탑을 본떠 제작되었다.

■■■■■ ● 금산사 가는 길 ● ■■■■■

김제 만경 너른 들판의 동쪽에는 높이 794미터의 모악산이 우뚝 솟아 있고 금산사는 포근한 산세의 모악산 서쪽 기슭에 자리잡고 있다. 행정 구역상으로 김제시 금산면 금산리에 속하며 김제시의 동쪽 끝 전주시와 경계를 접하는 곳에 위치하고 있다. 서울에서 금산사에 가려면 호남고속도로를 달려 김제 다음의 '금산사인터체인지'에서 712번 지방도로를 이용해 원평으로 온 뒤 금산지서 앞에서 좌회전해 들어가면 금산사 입구에 이르게 된다. 김제시에서 금산사에 올 때도 마찬가지이다. 또 전주에서도 712번 지방도로를 타면 금산사에 올 수 있다.

기차를 이용하는 경우에는 호남선 김제역에서 내려 길을 건너 금산사까지 가는 버스를 타면 된다. 김제에서 금산사까지는 30분 간격으로 시내버스가 다니고 전주에서도 금산사행 버스가 30분 간격으로 있다.(김제 안전여객 전화 063-547-6121, 전주시내버스공동관리위원회 전화 063-282-8104)

금산사를 보는 길에 금산면 청도리에 위치한 귀신사에 들려보는 것도 좋다. 귀신사는 모악산 서북쪽 기슭에 자리잡고 있어 전주에서 오는 길에서는 귀신사를 지나면 바로 금산사가 나온다. 귀신사는 통일신라 화엄 십찰 가운데 하나로 많은 건물과 암자를 거느린 큰 절이었으나 지금은 퇴락한 모습이다.

또 모악산에는 금산사와 귀신사 등 유서 깊은 절과 암자들 외에도 신흥 종교 집단의 집회소가 많이 들어서 있다. 금평 저수지가의 청도리 동곡마을(구릿골)은 증산교의 성지로서 강증산 유적지와 증산법종교 교당이 있다.

주 소 : 전라북도 김제시 금산면 금산리 39번지
전 화 : 063-548-4442

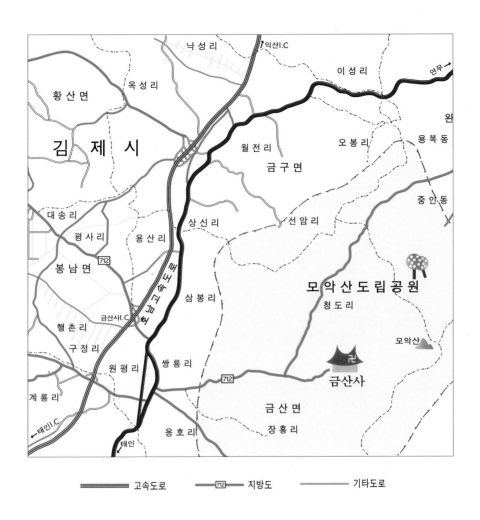

낙성리
익산I.C
이성리
연무

황산면
옥성리

김제시
월전리
금구면
오봉리
용복동
완

대송리
상신리
선암리
중안동

평사리
용산리

봉남면 712
모악산도립공원
청도리

금산사I.C
삼봉리
행촌리
구정리
쌍룡리
모악산
원평리
712
금산사
계룡리
태인I.C
금산면
용호리
장흥리
태인

════ 고속도로　　━━━ 712 ━━━ 지방도　　──── 기타도로

참고 문헌

◈ **금산사의 역사**

『금산사사적』

『금산사지』

『동문선』

『삼국사기』

『삼국유사』

『송고승전』

『신증동국여지승람』

『택리지』

한국불교연구원, 『금산사』, 한국의 사찰 11, 일지사, 1977

허흥식 편, 『한국금석전문』, 아세아문화사, 1984

황수영 편, 『한국금석유문』, 일지사, 1975

◈ **금산사의 유적과 유물**

문화재관리국, 『금산사실측조사보고서』, 1987

전라북도 교육연구원, 『살기 좋은 우리 전북』, 1995

전통사찰 총서 9 『전북의 전통사찰』, 사찰문화연구원, 1997

최완수, 『명찰순례』, 대원사, 1993

고수영, 「금산사 방등계단에 대한 고찰」 『청람사학』 3집, 한국교원대
　　　　학교 청람사학회, 2000

빛깔있는 책들 103-43
금산사

글·김남윤, 이용묵, 소재구
사진 | 손재식

초판 1쇄 발행 | 2000년 5월 30일
초판 4쇄 발행 | 2017년 12월 20일

발행인 | 김남석
발행처 | ㈜대원사
주   소 | 135-945 서울시 강남구 양재대로 55길 37, 302
전   화 | (02)757-6711, 6717~9
팩시밀리 | (02)775-8043
등록번호 | 제3-191호
홈페이지 | http://www.daewonsa.co.kr

값 8,500원

Daewonsa Publishing Co., Ltd
Printed in Korea 2000

ISBN 978-89-369-0237-7 04220
ISBN 978-89-369-00007-7(세트)

빛깔있는 책들